Ont collaboré à cet ouvrage, sous la direction d'Eve Sivadjian :
Jean-Louis Bernezat, explorateur saharien
Roger Cans, journaliste et biographe de Théodore Monod
Étienne Dehau, spécialiste des déserts d'Asie
Frédéric Denhez, ingénieur écologue
Gilles Dusouchet, journaliste
Madeleine Griselin, chercheur au CNRS
Catherine Guigon, écrivain et grand reporter
Bernard Martoia, explorateur des déserts américains
Éric Massiet du Biest, chef d'expédition en Australie
Jean Rivolier, ancien médecin-chef des expéditions polaires françaises en Antarctique
Eve Sivadjian, archéologue et grand reporter
Michèle Therrien, professeur d'inuit à l'Institut des langues orientales
Michel Zalio, guide saharien

DÉSERTS DU MONDE

GEO

Sous la direction d'Eve Sivadjian

SOLAR

SOMMAIRE

PRÉFACE

Les déserts occupent un tiers des surfaces émergées de la planète, soit environ 50 millions de kilomètres carrés. Les premières civilisations y sont nées, ainsi que les trois grandes religions monothéistes. À une époque, ils ont symbolisé l'axe stratégique majeur du commerce mondial, des routes de la soie aux routes de l'or. Véritables sanctuaires naturels, les déserts ont de tout temps attiré les mystiques. Déjà les Grecs racontaient que Zeus s'y rendait pour prendre ses repas avec les Éthiopiens. Terre d'initiation ou terre de désolation ? L'alternative n'est pas seulement poétique, car la désertification n'a jamais été synonyme d'opulence, plutôt de survie. Et fertiliser les sables demeure l'un des plus grands rêves de l'homme. Proposer un livre sur les déserts du monde, c'est aussi rendre compte de leur infinie diversité. Selon les continents, les latitudes et les longitudes, ils peuvent être de glace, de sel, de pierre… Le plus chaud reste le désert libyque qui s'étend à cheval sur l'Égypte et la Libye, le plus froid le continent antarctique ; les grands lacs de sel, comme le Salar de Uyuni en Bolivie, étant les plus arides. Ainsi les continents déclinent-ils leurs particularités, comme autant de dangers que l'homme doit affronter afin de pouvoir vivre. Aujourd'hui encore, ces étendues gardent leurs mystères. Pour les découvrir, nous avons fait appel aux plus grands spécialistes : explorateurs, journalistes et photographes. Avec en mémoire le destin d'un homme exceptionnel qui a consacré au désert toute sa vie, Théodore Monod. Ce livre lui est dédié.

Jean-Luc Marty
Rédacteur en chef de GEO

Déserts de sable

Éguédé de Mourzouk

Un océan furieux de vagues immobiles. Désordre insensé de dunes vertigineuses que les vents éparpillent en hélices, en étoiles, en massifs ou en festons de crêtes filant à l'infini. Des lignes pures. Une féerie de couleurs changeantes. Irréelles. Sables, pentes, bosses et creux passent du mauve au jaune d'or, du gris perle au rose. Les cuvettes prennent des allures de lac de montagne aux reflets bleutés. Les profils du relief, lames acérées, parfaites, semblent trancher le ciel. Tel est l'*éguédé*, ou massif de sable, de Mourzouk, dans le Sud-Ouest libyen près de la frontière algérienne. Les soleils d'été y gonflent les sables et amollissent les pentes que les blanches gelées hivernales font scintiller dans l'aube naissante. Un instant suffit aux tempêtes pour lever de meurtriers rideaux d'ocre, et aux pluies diluviennes qui parfois se déchaînent pour lessiver jusqu'au cœur tout le massif dunaire, où il n'y a néanmoins pas un seul point d'eau. Pourtant, cet erg n'est pas le piège de dunes titanesques où, chenille dérisoire, souffre la caravane d'exploration. Il est beauté et liberté.

Dans le Sud libyen, l'immense massif des dunes de Mourzouk, qui s'étend sur quelque 58 000 kilomètres carrés, compte parmi les plus arides du Sahara.

La caravane, telle une chenille au chemin aléatoire sur le flanc de sable meuble, peine à gravir les dunes hautes de 100 à 300 mètres de ce massif dunaire très complexe, où les Touareg ne s'aventurent guère. Quasiment inconnu des Européens jusqu'au milieu du XXe siècle, cet éguédé fut abordé pour la première fois par le géographe Robert Capot-Rey au cours de plusieurs expéditions dans les années 1944-1946. Ses informations sur la topographie de Mourzouk et son aridité sont encore utiles aujourd'hui.

Pages précédentes : dans cet univers minéral, les animaux ne s'aventurent que fort peu. Protégé par son plumage isolant, quelque corbeau s'y pose parfois…

Dans le massif de Mourzouk, les Touareg ne connaissent ni puits ni sources. Et pour cause : il n'y en a pas ! Aussi, quel que soit le sens dans lequel on l'aborde, il faut pour s'engager dans cette traversée de 300 à 380 kilomètres emporter toute l'eau nécessaire à l'expédition. Ainsi que le fourrage des chameaux. Si ces bêtes, en effet, peuvent se passer de boire pendant quinze jours, il faut au moins qu'elles aient à manger et, dans cet océan de sable, les chances de trouver quelque pâturage de *touloult,* graminée du désert, sont minimes.

Éguédé de Mourzouk

par Jean-Louis Bernezat

Qu'avons-nous rencontré, hier, rappelant la vie ? Deux oiseaux et une souris desséchés, une corne d'addax et quelques superbes bifaces préhistoriques en quartzite rouge. Aujourd'hui, des chiffons dépassant du sable attirent l'attention. Ils recouvrent partiellement deux corps parcheminés. Plus loin, un camion immobile. Huit autres corps gisent alentour. « Une panne de moteur », nous dira un policier à l'oasis de Tézéré. Soixante-dix voyageurs clandestins venus d'Afrique noire qui tentaient d'entrer en Libye sont morts de soif. Seul le chauffeur avait pu gagner l'oasis. Nous étions en novembre 1997, lors d'une première approche de l'*éguédé* de Mourzouk sur les traces du Saharien et écrivain Philippe Diolé. Faute d'eau, son expédition de 1956 avait failli mal tourner. La nôtre s'achevait aussi à Tézéré, et c'est en camion que devaient revenir les chameliers et leurs bêtes pour éviter de traverser à nouveau cette zone de « ténéré » incontrôlable, royaume du banditisme et de la contrebande, y compris celle des armes. L'expérience avait été probante : nous n'attaquerons pas l'*éguédé* de Mourzouk par le « petit côté », mais nous le traverserons par ses plus hautes dunes, du nord-est au sud-ouest, soit du puits de Cheraba au col d'Anaï, comme l'avait tenté en 1946 Robert Capot-Rey. Le célèbre géographe avait été contraint d'abandonner afin de trouver du fourrage pour ses chameaux affamés. Aurions-nous plus de chance ?

DÉPART VERS L'INCONNU

C'est à pied que nous ferons la traversée de cet énorme massif de sable, les dunes étant trop hautes et trop raides pour que l'on puisse voyager sur des chameaux de selle. Les chameaux de bât, eux, devraient pouvoir les franchir. Il en faudra vingt-quatre pour porter nos bagages, dont 1 360 litres d'eau (4,6 litres par personne et par jour), tout le fourrage, des bonbonnes de gaz et du charbon de bois pour la cuisine, l'*éguédé* ne comptant aucun morceau de bois pour les feux. Les bêtes résisteront-elles 16 jours sans boire, chargées de 140 kilos chacune, durant 10 heures de marche et 1 000 mètres de dénivellation chaque jour, avec de la *touloult* sèche pour seule nourriture ? Dans l'histoire du Sahara, cela ne s'est jamais fait, et elles ne sont pas plus habituées aux dunes que leurs chameliers, les Touareg n'étant pas gens de sable contrairement aux nomades Chaanba ou Rebaiya. En ce matin du 20 décembre 1998 au puits de Cheraba, la caravane est prête. Les chameaux sont gorgés d'eau et déjà chargés. Nous sommes quatorze Européens, tous sahariens et entraînés, cinq chameliers touareg et un policier libyen. Chaque chamelier dit quelques mots de prière, puis l'un d'eux crie *Emel !* « Avance ! » Me voici dès lors chef de l'expédition et seul guide ; aucun d'entre eux ne contestera mes ordres, même s'ils les estiment erronés. Marchant seul, en tête, comme je me sens petit malgré des années et des années de Sahara !

PELLETER LE SABLE DES DUNES

Les premières difficultés surviennent dès le deuxième jour, lors de la traversée d'une haute dune où, pourtant, l'équipe d'*el chanti*, « le chantier », avec pelles et mains avait tracé le chemin. En file indienne, les chameaux s'avancent et passent, lorsque l'un d'eux, déséquilibré, pique droit dans la pente. S'il parvient, par miracle, à rester sur ses pattes, il essaime ses bagages, que nous récupérons un à un. La montée qui suit en est une vraie de vraie. La

Au départ de la caravane, à Ghât. Les Touareg font se désaltérer leurs chameaux, qu'ils ont assoiffés exprès pendant plusieurs jours afin de les inciter à absorber le plus d'eau possible. Mais la fraîcheur du climat hivernal a empêché les bêtes de boire autant qu'elles l'auraient pu, sujet d'inquiétude pour leurs chameliers.

première d'une interminable série. Les Touareg sont tendus. Ils n'osent pas me regarder, et Odette, mon épouse, les entend murmurer *Eref we-t ili*… « Il a perdu la tête… » Plus loin, un autre chameau doit être rechargé debout car, « baraqué », il refuse de se lever et la peur lui déclenche des diarrhées. En deux heures, nous n'avons progressé que de 100 mètres. Comme Anaï semble loin… Pour trouver les meilleurs passages, il me faut toujours devancer la caravane d'une heure au moins. Monter, descendre en courant, tracer des signes de piste et marquer les endroits où il semble judicieux de pelleter pour économiser les efforts des chameaux constituent le quotidien. Dans le sens de notre marche, l'ascension des dunes est moins raide que la descente. Les « cols » sont des pièges. En versant sous le vent, ils masquent des successions d'immenses cuvettes aux bords de sable mou, très raides. Y descendre épuiserait les chameaux, aussi restons-nous sur les plus hautes crêtes.

Enfin, au fil des jours, bêtes et gens apprivoisent ce sol meuble dont les vagues gigantesques, désordonnées, s'enchaînent à l'infini. Les chameaux, maintenant, plongent droit dans la descente ! À chaque pas, pourtant, surgit l'inattendu. Contrairement à celles du Grand Erg occidental, les dunes de l'erg de Mourzouk sont toutes dissemblables. Douces d'un côté, elles peuvent être extrêmement raides de l'autre. Il faut parfois suivre longuement la base d'une crête avant de pouvoir la franchir. De temps en temps, on fait de l'équilibre sur son *sif*, interminable ligne sommitale, avant de le quitter pour redescendre dans l'immense cuvette, havre de terrain plat qui nous nargue au pied d'une longue pente. À d'autres endroits, les levées de sable forment de véritables massifs montagneux dont on ne sait par où échapper. De loin, la caravane qui les gravit n'est qu'une chenille ondulante au parcours aléatoire.

DES HERBES ET QUELQUES TRACES

Grâce aux dernières pluies, il y a trois mois, quelques grosses touffes de *touloult* végètent çà et là au pied des plus grandes dunes, dont les énormes masses constituent d'excellents réservoirs d'eau dans cet univers d'une absolue sécheresse apparente. Parfois même, et cela est curieux, les plateaux qui occupent le faîte de certains cordons de dunes sont tapissés de petites prairies de cette même *touloult,* mêlée de *tahara* et d'*aguinast,* autres végétaux sahariens. Le bivouac ne coïncidera avec pareille aubaine qu'une seule fois. On verra alors, dans la nuit déjà avancée, *Imouhar* (« Touareg ») et *Ikoufar* (« étrangers ») couper avec frénésie le fourrage frais, inespéré complément à la pauvre ration des bêtes épuisées. Dans ce milieu aussi sublime qu'inhospitalier, les animaux sont rares, mais il y en a. Traces de chacal venu de la Messak pour chasser, traces de petits rongeurs, de minuscules sabots de gazelles, empreintes de vipère, ici appelée *ta-n-amadal,* « celle du sol », car prononcer son vrai nom selon la croyance targuie serait l'attirer ! Ici, deux corbeaux survolent durant quelques instants la caravane. Plus loin, quelques lièvres détalent sous nos yeux. Enfin, des crottes sèches mais encore noires, donc datant de moins de deux ans selon Hama, le chef chamelier, prouvent la présence d'addax, fréquents encore dans les années quatre-vingt.

SOUFFRANCES DE LA SOIF, DANGERS DU DÉLUGE

Avec des journées de plus de huit heures de peine, les chameaux n'en peuvent plus. Au bivouac, une fois déchargés, ils restent souvent baraqués, la bouche ourlée d'une épaisse bave blanche, et il faut les forcer à se lever pour qu'ils aillent manger. Dès le neuvième jour, certains ont si soif qu'ils refusent le fourrage sec. Ils nous surveillent, et il faut nous cacher pour verser de l'eau dans une marmite car la vision du liquide déclencherait une ruée fatale. Pour abréger leurs souffrances, il faut raccourcir la durée de la traversée, donc allonger les étapes. Au lieu des seize jours prévus, nous visons maintenant quatorze jours et demi. Lentement, mais régulièrement, la caravane poursuit sa progression dans les dunes immenses qui se succèdent à l'infini. La réverbération est intense, mais la chaleur est supportable. À 6 heures du matin, la température oscille entre – 2 °C à l'ombre et 10,9 °C au soleil. Le jour de Noël, à midi, le thermomètre marque 19,8 °C et, suivant les nuits, de 7 à 15 °C vers 23 heures. Un soir, des gouttes de pluie font craindre une averse : la croûte de sable qui se formerait alors rendrait périlleuse la montée des chameaux, qui à la descente seraient entraînés dans des glissades mortelles. Il nous faudrait attendre, alors que perdre une journée ou deux serait mortel. Par chance, les gouttes s'espacent, la pluie s'estompe. Et la caravane poursuit son avancée difficultueuse dans des paysages sublimes où formes et couleurs varient sans cesse.

MYSTÉRIEUX TAMBOUR DES SABLES

Souvent, en dévalant les pentes, un grondement se déclenche, comme si un avion de ligne nous survolait ou comme si plusieurs 4 x 4 passaient au loin. C'est le tambour des sables. Une rumeur sourde, mystérieuse, produite on ne sait trop dans quelles conditions par le long frottement des grains de sable glissant les uns sur les autres. Peu à peu, entre les dunes, moins hautes, apparaissent de longs couloirs. Ils semblent mener vers le bord de l'*éguédé.* Et, un jour, la barre sombre de la Messak surgit à l'horizon. Là se trouve la dépression du col d'Anaï, notre but. Une dune encore, minuscule… et l'erg prend fin. Brutalement. Instant unique vécu dans l'exultation, puis dans un silence quasi religieux. À la vue du col, les Touareg ont sauté de joie. Cette réaction, inhabituelle chez ce peuple entraîné à l'impassibilité dès l'enfance, est révélatrice des tensions quotidiennes maîtrisées. Le père de l'un des chameliers lui avait même dit adieu au départ de Ghât. Aux yeux de tous, ce défi était une pure folie. Pourtant, jamais, même aux pires moments de la traversée, aucun de ces hommes ne m'a posé de questions sur ce trajet, qu'ils ont parcouru en période de ramadan, ajoutant aux épreuves du chemin celles du jeûne diurne qu'ils ont respecté sans faillir, de bout en bout. Demain, nous serons au puits d'Anaï, en Algérie. Nos chameaux auront enfin de l'eau. ■

L'équipe des pelleteurs aménage les passages délicats au flanc de la dune pour atténuer la vertigineuse pente de sable, souvent mou, avant le passage des chameaux.

Désert du Namib

Le Namib, un infini asséché par l'océan Atlantique qu'une épaisse chape de brouillard recouvre dès l'aube. Une mer de sable d'où émergent des plateaux de gneiss et de granite. Des dunes immenses soulevées par les vents et qui boivent l'eau des suicidaires rivières en crue qui s'y jettent parfois. Avec, au milieu, un néant peuplé de cailloux anguleux. Dans ces paysages de l'Afrique australe que le soleil et les vents transforment au fil des heures grouille la vie. Une vie secrète, étrange, incongrue. Insectes, reptiles et petits mammifères se partagent les étages et l'épaisseur des dunes comme les propriétaires d'un immeuble. Les uns nagent dans le sable comme poissons dans l'eau. Les autres, dotés de pattes immenses, évitent de toucher du ventre un sol à plus de 70 °C. Dans ce « grand vide », erg et reg, ce désert gris perle, rouge et brun, des plantes vivent mille ans, et des lions vont chasser l'otarie. Là où il n'y a rien, éléphants et rhinocéros trouvent pourtant pitance. Et l'homme a appris à survivre.

C'est à l'eau froide de l'Atlantique Sud que le désert du Namib, en Afrique australe, doit en partie son aridité.

Cet iguane se nourrit d'insectes qui vivent des détritus organiques apportés par les crues et les vents (ci-dessus). Les eaux rares du Namib n'atteignent pas la mer. Elles sont absorbées par le sable, bien avant, comme dans ce bassin dunaire, à Deadvlei (pages suivantes).

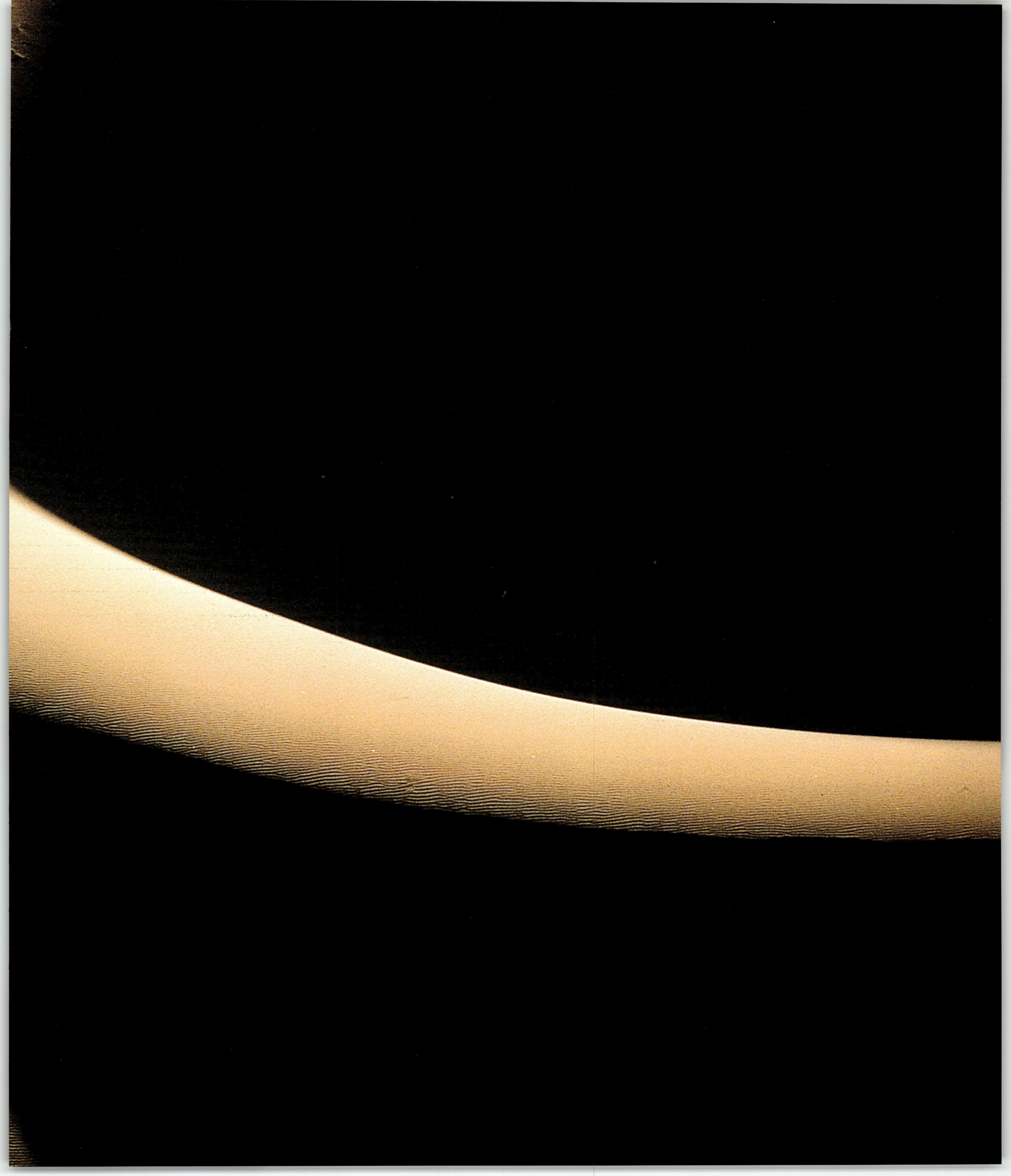

Les vents déplacent et défont les dunes, qui forment parfois des étoiles ; ici, les dunes de Sossusvlei (ci-dessus).
Pour survivre, certaines plantes font d'importantes réserves d'eau, comme ce *Pachipodium,* au tronc enflé par le liquide emmagasiné dans ses cellules (ci-contre). Ciselée par le vent et constituée d'un sable compacté, plus dense, la crête des dunes domine le sol jonché des débris laissés par les inondations dues aux pluies, rares mais toujours dévastatrices (à droite).

Pages précédentes : oryx adapté aux chaleurs extrêmes, le gemsbok, hôte du Namib, est doté d'une vascularisation crânienne très particulière qui empêche son cerveau de s'échauffer.

Lever de lune sur Elen Dune et la région de Sesirem. Plus arrosée que les autres, cette zone du Namib présente une flore plus riche, préfigurant la savane sèche qui, à l'est, constitue le Kalahari (ci-contre). Afin de ne pas se brûler sur le sable, dont la température en milieu de journée atteint 70 °C, ce lézard *(Aporosaura anchietae)* lève les pattes alternativement, deux à deux (ci-dessus).

Désert du Namib

par Frédéric Denhez

Le Namib est sans doute le plus vieux désert du monde. Son aventure commence il y a 80 millions d'années, le long de la côte sud-ouest de l'Afrique, où s'accumulent les alluvions du puissant fleuve Orange. Elle s'accélère 15 millions d'années plus tard avec l'accentuation des mouvements verticaux de la partie orientale du continent : l'érosion s'accroît, et les sédiments s'ajoutent en masse aux alluvions. À la fin de l'ère tertiaire, il y a 3 millions d'années environ, c'est l'érosion des vents, cette fois, qui entasse sur ces deux couches de dépôts des quantités de sable arrachées au Kalahari voisin. Le temps de passer à l'ère quaternaire, et de nouveaux mouvements tectoniques entaillent la région de profonds canyons. L'aventure se termine lorsque le courant du Benguela, se rapprochant de la côte sud, la débarrasse des alluvions des fleuves Fish et Orange. Arrachées à l'eau par les vents du nord-ouest, ces fines particules vont se déposer en tas et former des dunes gigantesques.

De nos jours, le désert s'étend sur 2 100 kilomètres le long des côtes sud-africaine et namibienne. Entre la rivière Olifant, qui s'écoule au nord de la ville du Cap, et le fleuve Kunene, frontière sud de l'Angola, c'est une bande aride de 130 kilomètres de large. Bordée à l'est par le « grand escarpement », la chaîne discontinue de montagnes abruptes qui borde le haut plateau central du sous-continent austral, elle devient plage à l'ouest. L'Atlantique Sud est sa frontière maritime, et c'est bien là le malheur du désert du Namib.

UN DÉSERT INSOLITE DANS LA BRUME

Située entre 15 et 30 degrés de latitude sud, la région est, comme il se doit, désertique. C'est à ces latitudes en effet que retombe l'air tropical qui s'est élevé, dilaté de chaleur, au niveau de l'équateur. Déchargé de son humidité lors de son séjour en altitude, il s'échauffe à mesure qu'il se rapproche du sol. Sous les hautes pressions exercées par l'anticyclone de Sainte-Hélène, il est plaqué à la surface du sol et s'échauffe encore. Sec, lourd et brûlant, l'air n'apporte aucun réconfort aux hommes. Pur, il ne fait pas obstacle aux rayons du soleil. Dans cet air sans humidité, aucun nuage ne vient jamais apporter d'ombre et renvoyer un peu de chaleur quand la nuit tombe : dans le Namib, les jours sont de plomb et les nuits de glace, sous un ciel immuable où les étoiles sont trop nombreuses pour être comptées... Si proche de l'océan, un tel enfer a quelque chose d'insolite. L'Atlantique n'est-il pas pourvoyeur de vents, de nuages et de pluies ? Pas ici. Car, pour son malheur, le Namib est léché de courants trop froids pour lui apporter un peu de fraîcheur.

LE PLANCTON, REPÈRE DES ASTRONAUTES

Le courant de Benguela, venu de l'Antarctique, à 13 °C, est poussé vers le large par les vents du sud et, entraîné par la force de Coriolis, se dirige vers l'ouest au niveau de la côte des Squelettes, située entre Cape Cross et l'Angola. Sur ce rivage dangereux, où des milliers de marins ont trouvé la mort, la hauteur de l'eau diminue en conséquence. De l'eau à 8 °C remonte alors des abysses pour rétablir l'équilibre. Venue de plus de 300 mètres de profondeur, elle est riche en matières nutritives. Cet *upwelling,* ainsi qu'on appelle un tel phénomène, est une aubaine pour le plancton, qui pullule en permanence au point de former une monstrueuse tache verte visible de l'espace, où elle sert de repère aux astronautes. Dans l'océan grouille la faune, prospère, qu'attire cette manne. Les eaux du Benguela comptent parmi les plus poissonneuses du monde, grâce à quoi la Namibie ne meurt pas de faim.

Bénédiction pour les pêcheurs et pour les mammifères marins, cette fontaine d'eau glacée est pourtant responsable de l'extrême aridité du Namib. En surface, l'air infernal arrache à l'océan des tonnes de vapeur d'eau, que l'anticyclone empêche de monter là où elles se condenseraient en nuages salvateurs. Sur le Namib, il ne peut donc pas pleuvoir. Coincée au-dessus de l'océan, l'eau évaporée n'a qu'une issue : se condenser en une dense chape de brume. Haute de 600 mètres, cette dernière est poussée par des vents qui l'entraînent jusqu'à 50 kilomètres à l'intérieur des terres. Trop basse pour se résoudre en pluies, elle apporte néanmoins au désert une humidité équivalente à 50 millimètres de précipitations par an. C'est la seule source d'eau pour les centaines d'espèces du Namib.

DANS LES DUNES GROUILLE LA VIE

Grâce à son voile de brume et aux débris d'animaux et de plantes transportés par les forts vents d'est soufflant sur le Kalahari, l'âpre Namib n'est pas un désert mort. Son grand âge a laissé le temps à la vie de s'installer, même si la faiblesse de ses ressources a imposé à celle-ci une sélection dramatique. Après des millions d'années de lutte, une faune et une flore uniques, incroyablement diversifiées, ont su s'accommoder des exigences du plus aride des déserts littoraux. Il n'est qu'à observer, au lever du soleil, l'entrelacs de traces que les animaux ont laissé sur le sable.

Les ténébrions, essentiels au bon fonctionnement de l'écosystème namibien, par exemple, sont des cousins des bousiers qui vivent exclusivement en récupérant la matière organique déposée par le vent. Il en est de noirs et de colorés. Les premiers sortent au petit matin : fesses en l'air — si l'on peut dire — en direction de l'océan, position qui leur permet de capter un peu de brume,

Chasseur-cueilleur, le Bochiman parcourt en solitaire le Namib, où ses ancêtres se retranchèrent voici plusieurs siècles sous la pression des Hereros, venus d'Afrique orientale et dont les descendants, les Himbas, perpétuent l'art du bijou (page ci-contre).

qui se condense et s'écoule en gouttelettes vers leur tête. Le jour, ils s'enfoncent profondément dans le sable pour trouver la fraîcheur. Les ténébrions jaunes ou blancs, eux, trottinent sur de longues pattes qui les tiennent bien haut au-dessus du sable incendiaire que leur ventre ne touche pas, tandis que leur dos blanc ou jaune réfléchit les rayons solaires. Ainsi équipés, ces insectes endémiques du désert du Namib ne cuisent pas. En revanche, ils constituent des proies faciles pour la dame blanche du Namib, une grosse araignée inconnue ailleurs. Cette dernière creuse de profonds tunnels, qu'elle tapisse de soie et où elle attend tranquillement qu'un animal imprudent vienne tomber. Le gecko à pattes palmées, par exemple. Presque transparent, très rapide, il s'abreuve d'humidité nocturne en laissant pendre sa longue langue, qui lui permet en outre de nettoyer ses énormes globes oculaires. Son cousin le lézard à tête fuyante soulève alternativement ses pattes deux par deux pour supporter la brûlure du sol. Lorsqu'il perçoit une menace, il plonge dans le sable comme le ferait un humain dans une piscine. Dans une situation similaire, le caméléon namaqua siffle, et on l'entend de loin. Face à tout intrus, il ouvre une gueule jaunâtre qui a le bonheur d'attirer les insectes vers son épaisse langue collante. La taupe dorée, quant à elle, reste cachée. Elle est faite pour cela : elle n'a ni yeux ni oreilles, mais des palmes à la place des pattes lui permettent de nager dans les dunes comme les scinques, d'étranges reptiles. Se repérant au toucher, cette curieuse taupe ne trompe pas toujours la vigilance des serpents, qui abondent dans le désert du Namib et pour qui elle constitue un repas de choix. Repas nocturne car, comme leurs proies, les serpents profitent de l'humidité de la nuit pour chasser.

DES PLANTES ÂGÉES DE 1 500 ANS

Comme les serpents, le renard du Cap chasse la nuit et promène dans l'obscurité, très relative sous les étoiles, son beau pelage argenté en quête de proies conséquentes. S'il ne finit pas lui-même dans l'estomac d'un lion affamé, car il arrive en effet que ces fauves traversent le désert. La migration vers le Kalahari des gemsboks et des springboks (des antilopes) privant les lions non seulement de leurs proies favorites mais aussi de nourriture, les fauves tentent la traversée du Namib pour gagner la côte des Squelettes, où ils trouveront des centaines de milliers d'otaries qu'ils disputeront aux hyènes brunes. Croiseront-ils en chemin quelques éléphants et des rhinocéros noirs ? Possible. Mais que font donc ces monstrueux herbivores dans cette étendue dépourvue d'herbe ? Ils trouvent des plantes qui se contentent, pour survivre, de deux gouttes d'eau et d'un peu de vent, comme le *Stipagrostis,* une graminée qui se fixe dans les dunes grâce à un réseau de racines capables de pomper jusqu'à la moindre trace d'humidité à 20 mètres de distance. Il y a aussi des euphorbes, gorgées d'eau mais à la sève toxique. Et puis le welwitschia, une rareté, l'emblème de ce désert. Il se présente comme une énorme salade à deux grosses feuilles coriaces, que le soleil et les vents assèchent et dilacèrent. Mais la brume s'y condense, et l'eau qui tombe alors au pied de la plante lui permet de croître paisiblement durant des siècles : les plus vieilles sont âgées de mille cinq cents ans. Étudiés par les botanistes, ces spécimens extraordinaires sont ici protégés, en plein désert, par des grillages !

LES DERNIERS BOCHIMANS

Plus démuni que ténébrions et welwitschias, l'homme, dans ce terrible désert, survit depuis la nuit des temps grâce à une sorte de melon appelé *!nara.* Le point d'exclamation a son importance, car il remplace le « click » que les Bochimans font avec la langue lorsqu'ils prononcent ce mot. Ce *!nara* nourricier, donc, est dépourvu de feuilles, ce qui évite toute déshydratation par transpiration. Il puise son eau dans la nappe phréatique, et la stocke dans son fruit comme dans une gourde. Grâce à lui, une ethnie mystérieuse a pu prospérer dans le Namib il y a quelque vingt-six mille ans, comme en témoignent les peintures laissées sur les parois d'une grotte qui leur servit d'abri, avant de disparaître sans laisser d'autres traces. Plus proches de nous, vers l'an 500 de notre ère, sont apparus des gens baptisés, faute de mieux, Strandloopers, probables ancêtres des Sans, plus connus sous le nom de Bushmen ou de Bochimans. Chasseurs-cueilleurs, ils nomadisaient les marges du désert où les Namas, éleveurs venus du nord, également appelés Khoï-Khoï, les éliminèrent. Chassés des pâturages par l'envahisseur bantou à la fin du XVIe siècle, Namas et Bochimans survivants se retranchèrent dans le désert. Vinrent alors les Hollandais. Ignorants du langage « cliqué » des indigènes, ils les affublèrent du sobriquet *hottentot,* qui signifie « bègue ». Un nom que les scientifiques utilisèrent longtemps pour désigner ces peuples.

Au nord de la côte des Squelettes, dans le Damaraland, on croise encore des Bochimans. Ils vont à pied, tout droit, sans se retourner, une sagaie à la main, et dans l'autre des colliers de fragments d'œuf d'autruche destinés aux touristes. Sur les rives de la rivière Kuiseb, beaucoup plus au sud, la tribu des Topnaar cueille toujours les *!nara* et égorge ses chèvres. Ces hommes, qui lisent leur route dans les étoiles et dans la couleur des feuilles, sont moins protégés que l'éléphant. Quand ils ne marcheront plus, le désert du Namib aura perdu ses pasteurs. ■

Le welwitschia, plante protégée, n'a qu'une seule feuille et des organes sexuels femelles semblables à des cônes de conifères (ci-dessus et ci-contre).

White Sands

Étincelantes ! Des dunes blanches comme neige. Univers enchanté, irisé de lumière, que les heures du jour parent de nuances célestes. Nimbé de mauve pâle à l'aube, il semble marée d'écume à midi et prend des teintes d'or fondu dans le couchant, qui lui sculpte de longues ombres violettes. Poudreux, pailleté sous les étoiles lors des nuits de pleine lune, le sable irradie, et les paysages, comme phosphorescents, n'ont plus rien de terrestre. De loin en loin s'y profilent des touffes végétales raides comme du zinc, noires sur le fond blanc, telles des ombres chinoises. Paysages irréels que ceux du bassin de Tularosa, au sud des États-Unis ! Aveuglantes de blancheur, les dunes de gypse de White Sands s'étendent face au noir chaos de laves de la Valley of Fires, vomi avec l'apocalypse il y a mille ans dans des torrents de feu. Dans ces paysages fantastiques où semble se jouer le combat symbolique, jamais perdu, jamais gagné, de la lumière et des ténèbres rôdent les fantômes de Billy the Kid, de Pat Garrett et de Geronimo, ultime grand chef apache. Et l'ombre furtive des engins volants gardés dans le secret au cœur des sables pour une « guerre des étoiles ».

White Sands, le plus vaste massif de dunes de gypse du monde, s'étire dans le bassin de Tularosa, au Nouveau-Mexique.

Enserré entre la *sierra* San Andres et la *sierra* Sacramento, ce désert de sables immaculés couvre la vallée sur 800 kilomètres carrés et plus de 600 mètres d'épaisseur. Les dunes ne dépassent guère une vingtaine de mètres de haut, mais leur structure, à géométrie variable, est fort complexe. Peu de végétaux parviennent à croître dans cet univers sec, dont seuls les abords comportent assez d'humidité pour que se forme un semblant de tapis végétal.

Pages suivantes : splendeur des couchers de soleil au cœur des sables, qui prennent alors d'irréelles couleurs nacrées.

Les vents qui filent sur le sable y laissent leurs empreintes gaufrées. Violents, ils changent sans cesse le moutonnement des dunes et ensablent sans pitié les rares plantes qui s'y enracinent. Ce *Yucca elata,* à demi englouti, n'est pas encore asphyxié et a même eu le temps de fleurir.

White Sands

par Bernard Martoia

White Sands... Les sables blancs. Le plus grand massif de dunes de gypse au monde ne pouvait être nommé autrement. Dans le prolongement du désert mexicain de Chihuahua, il étire ses 800 kilomètres carrés sur le territoire des États-Unis au sud du Nouveau-Mexique, dans l'immense bassin de Tularosa, allongé du nord au sud entre deux chaînes de montagnes : la *sierra* San Andres, à l'ouest, et la *sierra* Sacramento, à l'est. Depuis le pic de la Sierra Blanca, qui culmine à 3 651 mètres parmi ces dernières, la vision est surréaliste. L'étendue immaculée de ce désert semble une immense mer intérieure, et ses dunes de formes diverses les vagues en bataille d'une tempête immobile. Comme venant à sa rencontre par le nord, une coulée de laves noires s'étire sur plus de 70 kilomètres de long. Baptisée Valley of Fires (« Vallée des Feux ») par les Apaches, cette dernière se serait formée vers l'an 1000 de notre ère lors d'une explosion volcanique qui ensevelit toute vie sous 20 mètres de magma. Poussés par les vents chauds qui soufflent de Chihuahua, les sables blancs l'envahissent aujourd'hui et lui grignotent quelque 10 mètres de terrain par an.

UNE INEXORABLE MARÉE BLANCHE

Car elles avancent, les dunes de White Sands, inexorablement. Chacune à sa vitesse et selon sa forme. À bien y regarder, en effet, ces dunes sont à géométrie variable. Celles des bords du désert, en dômes assez espacés, sont les plus rapides. Les dunes du cœur des sables, parfaites barkhanes, en croissant de lune aux cornes effilées, plus lentes, progressent de 5 à 7 mètres par an seulement. Modelées par les vents violents, elles s'agglomèrent les unes aux autres d'ouest en est et forment sur des kilomètres une ligne de crête ininterrompue, qui offre au marcheur, enivré de lumière, de beauté et d'espace, un panorama grandiose ayant pour toile de fond les pics en dents de requin de la *sierra* San Andres. Quant aux dunes paraboliques, dont les crêtes sont colonisées par des buissons qui ralentissent leur déplacement, ce sont les plus lentes puisqu'elles avancent de 2 mètres au plus par an. Face à la beauté de cet étrange désert, on oublie souvent de se poser une question pourtant primordiale : d'où vient tout ce gypse ?

COMME LE MOULIN À SEL DES CONTES

Tout a commencé il y a 250 millions d'années. Une mer recouvrit alors toute la région, sur laquelle elle déposa quelques centaines de mètres de sédiments de gypse, jusqu'à ce que surgissent les montagnes Rocheuses. La force tellurique qui fit jaillir cette puissante cordillère voici 70 millions d'années transforma le bassin, son voisin, en un gigantesque dôme d'où, bien entendu, la mer s'écoula. Mais le dôme s'effondra de 2 000 mètres sur lui-même il y a 10 millions d'années, formant ce qu'il est convenu d'appeler le « bassin » de Tularosa, où gisait le lac Otero. Bassin, en effet, bien qu'il n'ait ni fleuve ni rivière, car le ruissellement furieux des eaux de pluie sur les bords ébréchés du dôme disparu — la *sierra* San Andres et *la* sierra Sacramento — finit par amonceler au fond le gypse arraché en passant aux flancs des montagnes, qui s'accumula sur une épaisseur de plus de 600 mètres.

Vers 25000 avant notre ère, il ne subsistait déjà plus de l'immense lac Otero, évaporé, que le lac Lucero, aujourd'hui niché à 1 186 mètres au pied de l'austère pic San Andres. Alors, avec ce somptueux manteau de cristaux blancs qui recouvrait la vallée, bientôt pulvérisé par gels, chaleurs et pluies, les vents brûlants qui soufflaient avec violence du sud-ouest commencèrent à façonner les dunes. Tel le sel de la mer que le moulin enchanté des contes de fées renouvelle perpétuellement du fond des abysses, le gypse de White Sands ne s'épuise jamais. Les pluies l'arrachent toujours du sol et l'abandonnent à l'érosion quand, à la saison sèche, les mares s'évaporent. Les vents, ensuite, s'en chargent. À ces derniers, tout est bon pour façonner les dunes. Le moindre relief, la plus petite touffe végétale.

Créosotes, *desert brooms* et yuccas voisinent parfois dans un creux ou sur quelque dune basse, où leurs racines trouvent des traces d'humidité laissées par les pluies.

BARDÉS DE CITADELLES CONTRE LE VENT

Le *chaparral,* tapis végétal de mimosacées et de cactées si caractéristique de ces déserts aux confins du Mexique et de Tularosa, n'escalade guère les dunes de gypse. Des centaines d'espèces de plantes qui le composent ailleurs, deux seulement, trois peut-être en comptant quelque téméraire créosote, parviennent à s'y installer. Mais avec quelle parcimonie ! Juste quelques touffes, de loin en loin, soit sur le point de suffoquer, soit juchées sur d'étranges piédestaux. Les premières sont des yuccas. Dits *soaptree,* ces *Yucca elata* dressent désespérément leurs feuilles en éventail hors du sable, qui les couvre plus haut que le collet et auquel elles tentent d'échapper en allongeant leurs tiges d'environ 30 centimètres par an. Jusqu'au jour, plus ou moins éloigné mais inexorable, où elles succombent, privées de lumière et donc de photosynthèse. La seconde catégorie, celle qui vit sur un piédestal, a la vie dure car elle est armée. C'est le *desert broom* (« balai du désert »), dit aussi *rubber rabbitbrush* (littéralement, « brosse en caoutchouc pour lapins »), de la famille des *Chrysothamnus nauseosus.* Ce curieux végétal s'ancre solidement dans la dune et profite de l'humidité qui, lorsqu'il pleut, se condense autour de ses racines pour sécréter une sorte de ciment qui durcit le sable. Dès lors, il ne craint plus le vent. La dune sur laquelle il se tient peut bien filer ailleurs : dans sa citadelle de ciment, qui atteint jusqu'à 3 mètres de hauteur, il est indéracinable. Sa crête ébouriffée de brindilles désespérément sèches n'a plus de végétal que le nom, mais qu'importe ! La vie reste lovée dans ses racines jusqu'aux prochaines pluies. Plus prolifique, en revanche, la vie animale semble ici trouver son compte.

UNE FAUNE EN ROBES BLANCHES

Les animaux sont nombreux au cœur de White Sands. Chacun étant à la fois proie et prédateur, tous sont en tenue de camouflage pour passer inaperçus. Ceux qui n'ont pu faire mieux ont simplement éclairci leur robe — jusqu'au beige parfois —, qu'il s'agisse d'un pelage, comme le coyote, ou de plumes, comme le hibou, voire le faucon, singulièrement pâle. D'autres, en revanche, ont viré au blanc. C'est le cas du *kit fox,* renard miniature dont la fourrure immaculée se fond dans le paysage, ce qui lui permet de belles nuits de chasse. Quant à la souris apache, brun sombre dans les laves de la Valley of Fires toute proche, elle est ici de la couleur des cygnes. Il en va de même des lézards qui, sans trop se soucier des oiseaux prédateurs, sommeillent tranquillement au soleil dans leur peau blanche comme neige. Et jusqu'aux criquets qui, lorsqu'ils sautent, semblent n'être que des échardes de gypse arrachées du sol par la brise. Comment est le plumage de l'alouette ? Trop haute dans le ciel, trop rapide lorsque, enivrée de lumière, elle se laisse choir comme une pierre dans un chant éperdu, on ne la distingue pas.

Non plus que le juvénile fantôme de Billy the Kid, tueur impénitent devant l'Éternel et que poursuivit inlassablement dans ces déserts, avant de l'abattre, son ancien ami Pat Garrett. Il se peut, en définitive, que Geronimo, le chef apache qui osa défier les armées du Nord pour conserver aux siens ces étranges terres désertiques, n'ait pas combattu en vain. Les descendants de ses légendaires guerriers, cantonnés dans la réserve de Mescalero, exploitent aujourd'hui le complexe de luxe d'une station de ski sur les flancs du pic de la Sierra Blanca, au cratère assoupi sous la neige. De là, on voit très loin au cœur des sables. Des lumières rouges y clignotent dans la nuit. Inaccessibles, elles signalent Holloman Air Force Base, où sont gardés les avions furtifs, White Sands Missile Range et autres bases spatiales où se jouent les balbutiements de la conquête des étoiles. ■

Takla-Makan

Désert de dunes géantes, mouvantes, traîtresses, au carrefour des tempêtes qui soufflent de Sibérie, le Takla-Makan est l'ultime verrou occidental de la Chine, aux confins de régions mystérieuses, longtemps inaccessibles... Tibet, Cachemire, Mongolie. Les caravanes de matières précieuses qui, pendant plus de vingt siècles, cheminèrent entre Orient et Occident se sont heurtées à cette immensité. Et les branches de la célèbre route de la soie, contournant le cœur des sables, ont tracé leurs passages sur ses marges, jalonnées d'oasis aux marchés bigarrés. Dans l'abrupt des falaises qui, de tous côtés, cernent cet inhumain désert, pèlerins et ermites, pendant mille ans, ont creusé des centaines de grottes et les ont ornées de peintures aux coloris éblouissants, où des milliers de bouddhas sommeillent, yeux mi-clos dans l'obscurité. Au cœur du Takla-Makan, on ne pénètre pas. Exempt d'eau, il l'est aussi de vie. Sous ses sables rougeâtres, ensanglantés çà et là d'oxyde de fer, coulent pourtant des rivières. Et sous ses barkhanes immenses gisent, ensevelies, des cités aux trésors oubliés. Royaume des dragons et des djinns qui effrayent les nomades, elles sont le rêve perdu des légendes et la convoitise des archéologues.

Le Takla-Makan, deuxième désert de dunes mouvantes après le Sahara, s'étend sur plus de 4 000 kilomètres carrés dans le Xinjiang, à l'ouest de la Chine.

Les sables proviennent ici des énormes quantités d'alluvions arrachées aux flancs des montagnes par rivières et torrents saisonniers, qui les entraînent vers le bassin du Tarim où ils les broient jusqu'à les pulvériser. Les vents se chargent ensuite d'en faire des dunes (à gauche). Baraqués au pied des Monts Flamboyants, collines de calcaire rosé, ces chameaux de Bactriane arborent le harnachement traditionnel de laines colorées, brodé de symboles protecteurs de l'ancienne religion chamanique (ci-dessous).

Takla-Makan

par Étienne Dehau

La forme des dunes du Takla-Makan diffère selon l'orientation des vents. Forts et réguliers, ces derniers façonnent des barkhanes, parfaits croissants aux pointes effilées.

« **Q**ui y pénètre n'en sortira pas ! » Tel est le sens, en ouïgour, du nom de ce désert. Le Takla-Makan, situé à l'ouest de la Chine, dans le Xinjiang, est si aride en effet que la Nasa y mène ses recherches sur la survie en milieu extrême ! Environ 50 °C l'été, – 40 °C l'hiver. Pas de pluies, car quelques-unes des plus hautes chaînes de montagnes du monde l'entourent, empêchant l'humidité des océans Pacifique et Indien de l'atteindre. Il n'y a donc pas une goutte d'eau au cœur profond de cet océan de dunes gigantesque, long de 1 000 kilomètres et large de 400, enserré par les monts Tian Shan, au nord, par le Pamir, à l'ouest, et par les chaînes du Karakorum et du Kunlun, au sud. Leurs hauts sommets — de 4 000 à plus de 6 000 mètres — se couvrent de neiges et de glaces qui donnent naissance à des centaines de torrents et de rivières, lesquels dévalent vers l'immensité sableuse du Takla-Makan… sans pour autant l'irriguer car ils passent dessous.

IMMENSE BASSIN DE RIVIÈRES DISPARUES

Isolée lors du jaillissement de l'Himalaya à la fin de l'ère tertiaire, cette immense zone désertique correspond au colossal bassin creusé par toutes les eaux de ruissellement qui, formant des lacs de-ci de-là, filaient aussi en rivières jusqu'au cours du fleuve Tarim, géant de 2 000 kilomètres de long. Ce dernier, dont le nom en ouïgour signifie « cheval sans rênes », prend sa source dans les monts du Tian Shan et du Kunlun, et, depuis des millénaires, taraude la faramineuse cuvette peu à peu remblayée, en reculant vers le nord où il se cantonne aujourd'hui. Les autres rivières ont dévié leur cours vers l'est, où se situe le point le plus bas, l'ancien lac Lob Nor — définitivement à sec depuis 1972 —, abandonnant le terrain à l'évaporation et aux terrifiantes tempêtes de sable qui soufflent à 140 kilomètres à l'heure, en un mot, à l'aridité. Ce sont les lits fossiles successifs du grand fleuve et de ses affluents qui ont formé le passage naturel entre l'est de la Chine et le monde occidental.

D'ANTIQUES CITÉS ENSEVELIES

Tout au long de ces rives que ne baignent plus les eaux, comme au bord des lacs maintenant recouverts de dunes, gisent les ruines innombrables d'anciennes cités dont rêvent les archéologues. Yinpang, Loulan, Milan… Un peu partout, au hasard des sables et des vents, se découvrent parfois un vieux temple bouddhiste, des poteries, des objets en bois, en fer, en bronze, des statues de pierre et des étoffes de laine, des momies en parfait état de conservation, des tablettes portant des inscriptions et de nombreux témoignages de la dynastie Han. Niya, l'une de ces antiques cités, au nord de Minfeng, renferme dit-on autant de richesses que Pompéi.

LES ROUTES DE LA SOIE

Minfeng est l'une des villes de la chaîne d'oasis qui festonnent l'extrême sud du Takla-Makan, au pied des montagnes, sur l'embranchement méridional de la route de la soie. Car elle passait par là, cette voie mythique que suivirent pendant près de vingt siècles les lentes caravanes lourdement chargées de toutes les matières les plus précieuses des mondes civilisés d'Orient et d'Occident. Dans un sens comme dans l'autre, elles butaient sur le désert du Takla-Makan. Hommes et bêtes ne pouvant traverser ce dernier, la route se divisait simplement en deux branches. La première longeait la bordure sud en allant d'un point d'eau à l'autre ; venant de Pékin et à partir de Dunhuang, elle

Ces Ouïgoures tissent un tapis de Khotan, tradition vieille de plus de deux mille ans.

passait par Khotan et par Yarkand. L'autre voie passait aux limites nord du désert et suivait approximativement le lit du Tarim, avec pour haltes Loulan,Turfan, Koutcha, Akson et Kachgar. Les deux embranchements se rejoignaient à Tach Kurgan, pour gagner l'Inde, l'Afghanistan ou le grand marché de Samarcande, puis les régions méditerranéennes. Elles partaient de Chine chargées de soieries dont le secret de fabrication était jalousement gardé par les empereurs — comme celui du papier —, mais aussi de laques, de jades et de bronzes. Elles revenaient avec bijoux, cuirs, fourrures, verreries, parfums et plantes médicinales.

LA VOIE DE BOUDDHA ET DE MAHOMET

Mais les caravanes des négociants n'étaient pas seules à se profiler sur les dunes du Takla-Makan. Avec elles se déplaçaient d'intrépides voyageurs, tels les moines qui, de l'Inde, répandirent le bouddhisme, en Chine d'abord puis dans tout l'Extrême-Orient. Préférant la solitude et, sans doute également, dépourvus de moyens pour payer leurs haltes dans les caravansérails, ils s'arrêtaient face aux sables, aux pieds des monts et des falaises, dont ils agrandissaient les cavernes naturelles et où certains se faisaient ermites. Ils laissèrent ainsi derrière eux des centaines de grottes ornées de statues de Bouddha et de peintures dont les coloris, d'une extrême fraîcheur, se sont parfaitement conservés dans la sécheresse et l'obscurité.

Les plus célèbres sont celles de Dunhuang, où plus de cinq cents grottes ont été aménagées dans la falaise de Mogao entre le IVe et le XIVe siècle, et celles de Bezeklik, au cœur des Monts Flamboyants, dans la dépression de Turpan baptisée « Pays de Feu » à la fois pour la couleur de ses montagnes, que le couchant incendie, et pour l'haleine brûlante qu'y exhale le désert. C'est également par cette voie mythique que l'islam, plus tard, se propagea vers l'est, jalonnant son passage de mosquées, comme à Kachgar, à Koutchan ou à Emin, près de Turpan, dont le minaret cylindrique aux élégants motifs géométriques constitués de briques assemblées se dresse sur 37 mètres de haut.

OASIS AUX PARFUMS DE L'ORIENT

Au fil des siècles, ce célèbre axe caravanier, vecteur d'échanges entre peuples et cultures, favorisa l'implantation des populations qui constituent aujourd'hui les minorités de l'ouest de la Chine. Ouïgours, les plus nombreux, Kazakhs, Kirghizes, Tadjiks et Mongols voisinent ainsi, dans les oasis, tout en préservant jalousement leurs coutumes et leurs croyances. À Kachgar, par exemple. Cette cité, où séjourna Marco Polo, est toujours fameuse pour son grand bazar, le plus important d'Asie centrale, qui réunit tous les dimanches les paysans des villages alentour. Dès les premières lueurs de l'aube, des plates-formes à deux roues chargées de marchandises et de gens, tirées par ânes et mulets, déferlent dans les rues. Paysans ouïgours locaux et Ouzbeks portant moustaches et coiffés de bonnets brodés se mêlent en une foule compacte, bigarrée affairée. Annoncées par leurs clochettes, les charrettes filent à travers les groupes, qui s'écartent à peine. Parfums des épices, fumets de brochettes, fortes odeurs de chameaux, de moutons, de chèvres et de chevaux évoquent les senteurs de la route mythique, tout comme les marchands de tissus, de cuir, de couteaux traditionnels de Yengisar, de plantes médicinales, de fruits, de légumes et de tapis en évoquent, humblement, les richesses anciennes. À Koutchan, ce sont les danses et la musique des Ouïgours qui font tout l'attrait des spectacles de rue lors des grandes fêtes annuelles, tandis que les abricots de cette région, célèbres depuis deux mille ans dit-on, colorent, à la saison, les étals du marché. Hami, elle, est réputée pour l'excellence de ses melons, appréciés déjà par les empereurs de Chine sous la dynastie Qing. Chaque oasis a ses spécialités. Celles de Khotan sont le tissage des tapis, le polissage des jades et, depuis le Ve siècle de notre ère, la soie. Elle aurait été importée par une princesse impériale, mariée à un roi de Khotan et qui serait parvenue à dissimuler quelques cocons de soie dans le volume de son chignon. À l'agitation de ces villes, quelques rares nomades préfèrent pourtant les marges du grand désert où, à l'abri des vents, près d'un filet d'eau saisonnier, leurs quelques bêtes trouvent pitance à la belle saison. Maigre tribut des hommes à ce désert redouté, au cœur duquel ils ne se risquent pas. ■

Au marché de Yutian, artisans et éleveurs vendent leurs produits.

Dunes de Khongor

Dunes roses, mauves, rouges, perdues dans un écrin de montagnes, scintillant de cristaux de quartz. Murailles titanesques dont les cimes semblent fumer, sous le vent printanier qui leur arrache des volutes de sable. Elles gémissent sous leur propre poids, ces dunes chantantes de Khongor, au cœur du désert de Gobi mongol, dont les paysages comptent parmi les plus spectaculaires de cette partie du monde. Parmi les plus arides, aussi. Des hivers sans fin leur tissent un infini de neige gelée où les chameaux de Bactriane, grattant du sabot, parviennent à trouver quelques brindilles de survie. Des étés aux sécheresses innommables les stérilisent, et parfois des pluies diluviennes les inondent avant que le sol brûlant n'aspire ces trombes d'eau déversées depuis des ciels noirs comme la nuit. Alors, çà et là sortent en un clin d'œil des touffes aux épis dodus, aux fleurettes délicates, qu'un peuple timide de gazelles aussi fines que verre filé et d'hémiones, ailleurs disparus, disputent aux hordes de chevaux et de yaks en liberté des éleveurs nomades. Attiré par un possible festin, le rarissime léopard des neiges s'aventure alors imprudemment dans les parages.

L'aride massif dunaire du Khongor, dans le désert de Gobi, domine la steppe de bons mais fragiles pâturages qui l'entoure.

Les dunes du Khongor, enneigées une bonne partie de l'année, constituent l'univers familier des chameaux de Bactriane. Sobres à l'extrême, ces derniers y trouvent l'avare fourrage sec qui les maintient en vie. Les longs poils laineux et chauds dont ils se couvrent pour affronter le froid sont tondus au printemps par les éleveurs, qui s'en font des vêtements. Mais que ce soit l'hiver ou l'été, cet énorme massif dunaire n'offre, çà et là, que d'avares touffes d'herbe.

Dunes de Khongor

par Étienne Dehau

Aux lisières du Khongor, les Mongols traversent les hautes dunes où leurs chevaux marchent sans difficulté l'hiver, surtout lorsque le sable est gelé. Ils réservent les chameaux aux difficiles trajets d'été, mais surtout au transport des yourtes.

Elles chantent, les dunes de Khongor ! Sous le poids des sables que déplacent le vent, elles émettent de longues plaintes modulées, sorte de chuintements sourds qui meurent là-bas, dans la rafale, pour mieux renaître ici, là, et ailleurs encore. Polyphonie d'un autre monde. Alors, dans la steppe des marges, les nomades raniment la flamme des lampes à beurre sur l'autel familial des yourtes afin que n'entrent pas les esprits errants. Connus en Mongolie sous le nom de *Khongoriin els* (« Dunes Chantantes »), les sables du Khongor comptent parmi les paysages les plus spectaculaires de ces régions désertiques. Parmi les plus arides aussi. Étiré sur près de 200 kilomètres de long dans le sud de la province de Gobi, ce massif de dunes aux crêtes en bataille occupe une immense cuvette environnée de montagnes. Au nord, alimentée par des sources souterraines, la rivière Khongor qui leur a donné son nom longe les dunes immenses avant de s'enliser et de disparaître, laissant derrière elle une steppe herbeuse dont le tapis, bien vert dès les premières pluies de juin, forme un étrange contraste avec les vagues blondes et nues qui le dominent de plus de 100 mètres de haut. Leurs cimes, curieusement, semblent fumer lorsque, en début d'après-midi, le vent printanier y ébouriffe des volutes de sable. Avec leurs teintes pures, aux nuances crues ou nacrées, qui changent au fil des heures, les paysages sont magiques. Envoûtants.

HIVERS DE GLACE ET ÉTÉS DE FEU

Ce n'est pas seulement l'éclairage qui, ici, modifie la couleur des dunes, mais leur âge. Beige pâle lorsqu'elles sont jeunes, elles s'assombrissent avec le temps, et les plus vieilles finissent par prendre une belle coloration d'un rouge profond. Sous l'action du soleil, de la neige et des vents, en effet, le quartz des grains de sable se couvre d'une pellicule d'oxyde de fer. Phénomène qui, non seulement, pare ce désert d'une étrange beauté, mais qui permet de lire l'âge de ses formations sableuses, et donc d'en comprendre les mécanismes. Les nomades ne s'y trompent pas, eux qui, dans l'immensité aride du Gobi — nom propre et singulier des cartes géographiques occidentales —, voient une trentaine de *gobi* dont la plupart, justement, se distinguent par leur couleur. Une large palette qui varie de l'ocre pâle au lie de vin en passant par tous les roses nacrés de la création ! Mais quelle que soit leur teinte, ces *gobi* — dunes de Khongor comprises — ont en commun un climat sans pitié aux étés de feu et aux hivers de glace. Les premiers durent quatre mois environ, avec des pointes de chaleur dépassant les 40 °C, alors que les seconds s'attardent sur près de sept mois, d'octobre à mi-avril. Le temps, alors, est sec, et les froids, entre – 20 et – 40 °C, s'éternisent souvent du fait des hautes pressions régnant sur l'Asie centrale. Les tempêtes de neige sont d'une violence inouïe. Elles recouvrent les dunes d'un linceul immaculé, que le gel durcit et conserve parfois pendant des mois. Quant aux pluies, souvent inférieures à 10 millimètres par an, elles tombent dès le printemps…

VIE ET MORT NE DÉPENDENT QUE DU CIEL

… ou ne tombent pas du tout, parfois pendant trois ou quatre années d'affilée. La vie s'éteint alors dans cette partie du monde. Comme en 2000 et en 2001, où des millions d'animaux sauvages et domestiques sont morts du fait des dramatiques sécheresses estivales qui ont succédé à d'impitoyables hivers. Mais lorsque, par chance, le ciel est plus clément, à la fin du printemps surviennent les pluies tant espérées. Les signes annonciateurs ne passent pas inaperçus. D'abord, des tornades de sable courent à travers le désert, tandis que le ciel vire au noir. Quelle que soit l'heure, il fait nuit lorsque les nuées se déchirent, déversant à flots leurs pluies sur la terre bouillante. Elles inondent tout sur leur passage avant de disparaître, happées par le sol avide. En quelques jours, le pied des dunes verdit et les pentes se piquettent çà et là de touffes d'herbe, dont certaines arborent des fleurettes. Rouges, bleues,

jaunes ou blanches, comme les clochettes aux corolles délicates du diplotaxis. Les graines qui dormaient dans le sable, parfois depuis des années, s'éveillent, germent, croissent, s'épanouissent et fructifient en deux à trois semaines. C'est le cas de *Tragus racemosus* et de nombreuses autres graminées, aux épis dodus sur des tiges qui n'ont pas eu le temps de beaucoup grandir. Pour accomplir plus vite leur cycle végétatif, certaines plantes ne cessent de regarder le soleil en face, tournant avec lui tout le jour afin de n'en pas perdre un rayon. Et les nombreux animaux sauvages qui peuplent ce désert inhospitalier, où les ont relégués éleveurs et troupeaux exploitant les steppes, sortent de leur abri comme par enchantement.

REFUGE D'UNE RICHE FAUNE SAUVAGE

Très économes, ils sont pour la plupart petits et fins. Tels les rongeurs, mériones, marmottes et gerboises, lesquelles se déplacent exclusivement par bonds prodigieux pour échapper à leurs prédateurs, le lynx et le renard. Telles les gazelles, aussi, dont il existe ici deux espèces : la gazelle mongole et la gazelle à goitre. Elles toutes deux également massacrées, la première car elle broute les touffes d'herbe réservées aux troupeaux, et la seconde pour sa viande, succulente. L'*Argalis,* ancêtre du mouton, et l'*Ibex,* arrière-grand-père de la chèvre, s'aventurent parfois, eux aussi, au cœur des sables, s'efforçant ainsi d'échapper à quelque loup, voire au rarissime léopard des neiges, descendu pour l'occasion des montagnes voisines.
Dans la région gîte aussi le *khulan,* ou hémione, sorte de mulet sauvage particulièrement craintif, qui ne doit sa survie qu'à l'extrême aridité des territoires qu'il choisit et que seules les très grandes sécheresses parviennent à déloger. Plus nombreux que les mammifères, les reptiles ne manquent pas dans les dunes de Khongor. L'agame par exemple, sorte de lézard à la peau claire, laisse passer les grosses chaleurs des jours d'été enfoncé dans le sable, comme la plupart des insectes, et n'en sort qu'au crépuscule. Aigles et vautours tournoient au-dessus des dunes, où ils repèrent la moindre tache sombre, guettant la proie isolée ou à la défaillance fatale. Bien au-dessus d'eux, lors des changements de saison, passent des oiseaux migrateurs, parmi lesquels la grue qui, elle, fait escale au bord des dunes de Khongor, près des larges mares d'eau de pluie laissées à leur pied.

LE CHAMEAU, VAISSEAU DES DUNES

Il n'y a plus dans le désert de Khongor de chameaux sauvages. Ils y ont été chassés jusqu'à extinction, et se sont retirés fort loin, en Dzoungarie, au nord-ouest de la Chine. Ceux que l'on voit ici, chameaux de Bactriane à deux bosses, bien sûr, même libres, en troupeaux, sont tous domestiqués. D'une sobriété inégalée, ils subsistent durant deux semaines sans rien manger ni boire, se contentant ensuite d'une pauvre herbe rase, de brindilles et d'épineux. Il se font un festin d'une touffe de *sauksaul* surgie au hasard des sables, là où les racines ont pu fouiller assez profond pour trouver des traces d'humidité. Sans eux, les humains n'auraient pu traverser ce désert. Sans eux, d'ailleurs, il n'y aurait pas eu de route de la soie. Ni, sans doute, d'éleveurs nomades, dont ils sont les « véhicules ». S'ils ne peuvent porter leurs 200 kilos de charge habituels lorsque leurs bosses sont vides — et tristement pendantes — après la disette hivernale, ils peuvent au moins encore en transporter la moitié pour aller au printemps, avec leurs éleveurs, vers de meilleurs pâturages. D'un pas égal et lent, ils longent les dunes ou franchissent majestueusement les pentes sans trop enfoncer le pied, mieux conçu que celui des chevaux pour ces sols meubles. On les rencontre ainsi en caravanes, suivis du gros des troupeaux de yaks, de vaches et de chevaux, sous la conduite de leurs maîtres qui se déplacent en famille avec yourtes et bagages. Et qui n'hésitent pas à laisser tout leur petit monde pour accompagner le voyageur indécis sur la direction à prendre jusqu'au puits, au repère ou au début de piste qui lui permettra de poursuivre sans danger sa route à travers le Khongor. ■

L'intérieur d'une yourte, toujours coloré, comporte peu de meubles. Tapis, tentures, coussins et courtepointes molletonnées, aisément transportables, constituent l'essentiel du confort.

Désert d'Arabie

Une planète des sables cernée de montagnes, coupée de vides caillouteux, entre Afrique et Asie. C'est dans ce mythique désert d'Arabie, aux immenses dunes jaunes et aux aurores nacrées, que s'est jouée l'épopée fantastique du célèbre lieutenant anglais nommé T.E. Lawrence. Au cœur de ses solitudes désolées, les Bédouins forgèrent l'islam. Trempés aux feux d'un soleil implacable, ils surent vivre de rien. Sachant que, même sans pluies, il y a toujours sous les sables une racine cachée à découvrir. Avec d'autres richesses, immatérielles celles-là, d'où naquit l'éblouissante civilisation dont ils répandirent les arts raffinés d'Orient en Occident. Autrefois piétinés par les oryx, les panthères, les outardes et bien d'autres animaux, la péninsule arabique, désormais fort plantureuse, a lancé à travers ses déserts de légende les rubans d'asphalte du XXe siècle et les monstrueux tuyaux de l'univers pétrolier. Vêtus de burnous immaculés, des princes chassent au faucon sous les cieux presque vides de ces déserts, aujourd'hui interdits, en rêvant de cette vie de liberté bédouine dont parlent leurs grands-pères mais qu'ils n'ont jamais connue.

Telle la houle sur le sable, le vent ride les dunes du « Désert des déserts ». Le soleil fait de même sur la peau des Bédouins.

L'immense dépression qu'occupe le Rub' al-Khali s'encadre de plateaux sculptés par l'érosion. Ces structures étagées permettent aux géologues de lire les événements de l'antédiluvien passé de ce désert (ci-dessus). Les vents qui butent sur les dunes dressent des murs de sable tassé au pied desquels les grains s'écoulent en nappes concentriques. Aucun végétal ne peut s'installer dans ce milieu mouvant, que les animaux ne parviennent à traverser qu'en empruntant les crêtes (ci-contre).

Pages suivantes : après le passage du vent, les dunes chantent parfois. Ce curieux phénomène est dû aux couches de sable de densités différentes, qui glissent les unes sur les autres dans un vacarme surprenant.

Wilfred Thesiger

Le maître du désert

Wilfred Thesiger aurait dû n'être qu'anglais. Il est devenu bédouin. Ou presque : il faut être arabe pour être bédouin, mais les Bédouins, admiratifs, l'ont accepté comme un des leurs. Wilfred Thesiger est né en 1910 à Addis-Abeba, capitale de l'Éthiopie. Son père y était ambassadeur britannique. À dix ans, il s'embarque pour Londres. Le pensionnat, la rigidité de l'enseignement réservé aux gens bien nés. Il trompe son ennui en se gavant de récits d'explorateurs de l'Afrique et rêve d'espaces vierges. À vingt-quatre ans, il traverse le désert du Dankalie, encore jamais franchi, et parcourt Soudan et Tibesti. Dès lors, il n'envisage plus qu'une chose : traverser le Rub' al-Khali, le pire désert du monde. Vaincre le mythe. Prenant prétexte d'aller identifier les *wadis,* où se reproduiraient les criquets migrateurs qui, en 1946, faisaient des ravages en Afrique de l'Est, Thesiger se rend en Arabie Saoudite. Lui, l'infidèle, convainc les Bédouins de le guider dans le Rub' al-Khali, où d'ordinaire ils ne s'aventurent guère. Et c'est l'exploit : il traverse le désert dans sa région orientale, non pas une mais trois fois. Une aventure digne de celle de Lawrence d'Arabie, qu'il relata dans une œuvre majeure, simplement appelée *le Désert des déserts.* Un fascinant récit, loué par les anthropologues car il se double d'un témoignage unique sur la vie des Bédouins. Les spécialistes du criquet migrateur, eux, attendent toujours les rapports de mission de l'excentrique Britannique.

Frédéric Denhez

Dans l'un des plus impitoyables déserts du monde, Wilfred Thesiger s'est plaint de ne jamais avoir pu trouver le silence. Les Bédouins, ses guides et compagnons de voyage, ne cessaient de parler. L'intimité est inconnue dans la civilisation du dromadaire.

Désert d'Arabie

par Frédéric Denhez

Lawrence d'Arabie, dont ce Bédouin montre le portrait, a gardé son légendaire prestige (ci-dessus). En Arabie Saoudite, cet ouvrier du pétrole prie, tourné vers La Mecque, après avoir fait, faute d'eau, ses ablutions dans le sable.

Une allumette s'embrase dans la nuit. L'homme l'approche de son visage. Ses yeux bleus lancent un défi à la flamme. Avec un sourire arrogant, il l'éteint d'un souffle bref. Derrière un horizon rectiligne, le disque solaire commence soudain à se hisser. Orange, il éclaire bientôt une immense étendue de sable. Loin de lui rendre vie, l'aube allume une fournaise infernale…

Par ce « raccourci » d'une force incroyable — l'un des plus beaux plans de l'histoire du cinéma — Peter O'Toole-Lawrence d'Arabie (qui ne l'est pas encore) quitte Le Caire en 1916 et traverse la mer Rouge pour gagner Djeddah. Ce lieutenant de l'armée anglaise part en quête des Bédouins du prince Fayçal. Mandaté par le *Foreign Office* britannique, il va tenter de réunir les tribus de la péninsule arabique en une seule armée nationale qui, espère-t-il, se lèvera enfin contre les Turcs, alliés de l'Allemagne. On connaît la suite : l'une des plus fabuleuses épopées du XXe siècle, une chevauchée lyrique dans un des déserts les plus arides du monde. Celui qui enfanta l'islam. Cette geste moderne, mue par le charisme d'un homme seul, incroyablement passionné, a donné au terrifiant désert d'Arabie sa dimension mythique.

LA PRESQU'ÎLE DES ARABES

Djazirat al-'Arab, l'« île des Arabes ». Une presqu'île, en vérité. Un Sahara clos de montagnes, isolé entre deux mers tropicales. Un invraisemblable océan de sable, de dunes, de plateaux, de gorges, de pierres et de graviers, long de 2 000 kilomètres et large d'environ 1 500 : 3 millions de kilomètres carrés, près de six fois la France ! De part et d'autre du tropique du Cancer, cette plénitude minérale hésite, oscille, entre Afrique et Asie.

Il y a 42 millions d'années, le continent africain et la péninsule arabique, alors indissociables, constituaient l'une des régions seulement d'un immense continent, le Gondwana, qui était lui-même bordé par un vaste océan, Téthys. De gigantesques mammifères régnaient alors sur terre, et le climat était tropical, humide et chaud. La tectonique des plaques vint déranger ce beau tableau. Une faille s'ouvrit au nord-est. En déchirant le fond de l'océan, elle creusa le rift de Carslberg. Elle fut rejointe, il y a 5 millions d'années, par le grand rift qui meurtrissait l'est de l'Afrique depuis 20 millions d'années déjà. Ainsi naquit la mer Rouge, qui sépara la péninsule arabique du continent. Les deux failles s'élargissant encore de nos jours, l'Arabie se dirige inexorablement vers l'Iran, qu'elle rencontrera dans 50 millions d'années.

FOURNAISE INFERNALE

Les deux coupures qui ont mis la presqu'île à la dérive ne s'étant jamais refermées, des enflures marquent leurs bordures. En langage géologique, ces saillies s'appellent des « montagnes ».

Au couchant, la péninsule arabique est délimitée par la chaîne du Hedjaz. Face à elle, au sud, après Djeddah, la plaine de la Tihama longe la mer Rouge jusqu'au Yémen. Derrière elle, de très nombreux *wadis* — des cours d'eau intermittents — s'enfoncent vers des oasis. Ils s'emplissent de la condensation de l'humidité apportée par les vents soufflant sur la mer. Au sud, la moiteur de l'air se change en pluie au contact de montagnes plus hautes. Du Yémen à Oman se succèdent les monts du Khau, le haut plateau du Hadramaout, la cordillère du Dhofar, le plateau de Jiddat al-Harasis, la chaîne de Bar al-Hikman et, enfin, les montagnes du djebel Akhdar.

Kilomètre 23, voie ferrée du Hedjaz reliant Damas, Médine et La Mecque.

De mars à octobre, les vents du sud arrachent de la vapeur d'eau à l'océan Indien. En heurtant cette longue chaîne côtière, ils rafraîchissent l'air ambiant. Si leur vitesse passe en dessous de 8 nœuds, ils provoquent une chute brutale de la température, ce qui déclenche la condensation de la vapeur d'eau en un épais brouillard. De mi-juin à mi-septembre, un autre phénomène augmente cette humidité : la mousson d'été. Les vents viennent alors du sud-ouest et soufflent vers la terre. Chauds, ils déplacent tellement d'eau dans leur sillage que l'océan compense les pertes en faisant remonter de l'eau depuis les abysses. Au contact de cette fontaine glacée, de cet *upwelling* riche en plancton qui fait le bonheur des pêcheurs omanais, les vents perdent leur vapeur d'eau. La différence de température est suffisante pour déclencher la condensation et, sur les flancs du Dhofar en particulier, entraîner la pluie. Les tempêtes cycloniques qui marquent violemment la renverse des vents de mousson amplifient encore le processus, moyennant quoi le taux d'humidité sur les reliefs côtiers de la péninsule arabique est l'un des plus élevés du monde… et celui de la cuvette qui se trouve derrière l'un des plus bas. Et voilà comment se fabrique un désert démesuré !

LA TRAVERSÉE FANTASTIQUE

Ce néant impitoyable est multiple. Au nord, le grand Néfoud, c'est-à-dire 69 000 kilomètres carrés de rien ! Un vide confiné entre le désert syrien, au nord, et les plateaux du djebel Chammar, au sud. Les Bédouins eux-mêmes ont de tout temps été angoissés par cette gigantesque étendue dépourvue de puits. C'est parce qu'il réussit à les persuader néanmoins de traverser ce désert réputé infranchissable que Lawrence put chasser les Turcs d'Akaba, ces derniers ne s'attendant pas à voir leur ennemi arriver de ce côté-là.

Au sud, le Rub' al-Khali. Le « Désert des déserts », le « Grand Vide », les « Sables » des tribus arabes qui, avant l'arrivée de l'automobile, hésitaient à s'y engager. Il fallut l'audace de Bertram Thomas en 1930, celle de John Philby en 1932 et l'incroyable courage de Wilfred Thesiger, qui le sillonna de 1946 à 1948, pour démontrer qu'il était possible de le traverser. Une leçon que comprirent fort bien les prospecteurs de pétrole… avec les moyens que l'on sait. Le Rub' al-Khali est une cuvette dantesque de 650 000 kilomètres carrés, inclinée vers l'est et formée de couches de sable de 200 mètres d'épaisseur. Par endroits, comme dans l'Uruq al-Shaiba, à l'est, et dans le Bahr es-Safi, au sud-ouest, le sable est soulevé en dunes escarpées hautes de 100 à 200 mètres. Ailleurs, il est mouvant : des troupeaux de chameaux se sont noyés pendant des siècles dans l'Umm as Sammim, situé à l'extrême est. Le sable du « Désert des déserts » est, en quelque sorte, un cimetière. Un arc dunaire le relie au Néfoud. Bombé vers l'est, ce « désert de Dahna » s'étend sur 1 200 kilomètres de long et de 80 à 120 kilomètres de large. Ergs, étendues de graviers, regs et plateaux de sel remplissent les intervalles situés entre ces océans de dunes. Un monde inhumain.

CES BÉDOUINS AU CŒUR PUR QUI ONT FORGÉ L'ISLAM

Condamné à l'aridité par ses montagnes, le désert arabique est pourtant gorgé d'eau. Lorsqu'il pleut (rarement) et quand, dans la bonne saison, l'humidité piégée par les montagnes se précipite en *wadis* furieux, l'eau traverse le sable à une vitesse qui l'empêche de s'évaporer. Les roches poreuses sous-jacentes la retiennent, comme elles retiennent le pétrole. Et il y a, sous les pieds des rares oryx, gazelles et panthères d'Arabie, et sous les doigts épais de l'outarde houbara, gros oiseau aujourd'hui trop chassé, comme les mammifères, des nappes phréatiques d'un volume considérable, où savent puiser certaines plantes. Essentiellement l'acacia et le *ghaf*, sorte de mimosa arbustif qui plonge profondément ses racines dans le sol pour trouver de l'eau. Sans ces plantes, les dromadaires ne pourraient survivre. Sans eux, les Bédouins n'auraient jamais pu sillonner le désert. Ces hommes maigres furent le flux vital qui irriguait le désert. C'est désormais le pétrole qui anime la péninsule.

Dans un environnement aussi hostile, où la nourriture est aussi rare que l'eau, les Bédouins ont survécu en constituant des groupes familiaux dispersés, soudés par de très forts liens tribaux. « Dès la naissance, écrivait Thesiger, le Bédouin devait s'aguerrir contre les rigueurs du désert, s'habituer à boire l'eau amère et rare, manger le pain sans levain, apprendre à supporter la piqûre irritante du sable soulevé par le vent, l'intensité du froid, les excès de la chaleur, et l'aveuglante lumière de cette terre sans ombre et sans nuages. » Soumis à un tel régime, l'homme du désert développait une grande résistance psychique. Une morale, à vrai dire. Indifférent à la souffrance, accordant peu de prix à la vie tout en respectant la dignité de celle de l'homme, ami ou ennemi, fier de la dureté de son existence, il méprisait le confort, ne possédant rien d'autre que son chameau, son poignard et son fusil, mais ne refusant jamais l'hospitalité à quiconque. À la fois individualiste et solidaire, le Bédouin était un philosophe. Le monde l'obligeait à être patient et fataliste. Il est devenu poète. Rien d'étonnant que l'islam soit né de son mysticisme. Les Bédouins ont projeté leur vision du monde et leur façon de survivre en un souffle qui, dans les siècles passés, a submergé le monde. Ce sont ces pillards loqueteux et incultes qui ont chevauché de Poitiers à la Chine pour imposer plus qu'une religion : une civilisation.

En unifiant les dizaines de tribus de la péninsule au début du XXe siècle, le prince 'Abd al-'Aziz ibn Sa'ud a détruit la structure intime de la société égalitaire bédouine. La radio a remplacé l'efficace réseau d'information que constituaient les réunions autour des puits. La voiture a rendu inutile le chameau. Le pétrole a enchéri le prix des quelques ustensiles dont avaient besoin ces pasteurs. De nos jours, entretenus par leurs gouvernements, les Bédouins se déplacent en 4 x 4 sur des autoroutes balayées en permanence par une main-d'œuvre importée… En moins de quarante ans, beaucoup ont perdu la connaissance intime du désert. La civilisation du dromadaire est en train de disparaître. Unies par l'argent du pétrole, les tribus rêvent parfois de briser l'étau saoudien pour retrouver leur liberté. Sauraient-elles à nouveau épouser le sable du « Désert des déserts » ? ■

Déserts de pierre

Tassili des Ajer

Aux portes du tassili des Ajjer, dans le grand Sud algérien, s'ouvre un monde étrange. Fabuleux. Minéral. D'énormes monolithes aux formes échevelées, tels des monstres tapis, semblent monter la garde non loin d'immenses colonnes aux profils effilés, grêlées par la morsure des tempêtes. Là, le sol trop cuit, comme vitrifié, rappelle la croûte craquante d'un gâteau oublié au four. Plus loin, le sable se dérobe, fluide, instable, ruisselant sous le pied au flanc de la dune près de laquelle végètent quelques tamaris ébouriffés par le vent qui les assoiffe. Ailleurs, la terre se lézarde en de vertigineux canyons d'où le soleil est exclu, ou bien se hérisse, dressant vers le ciel impassible des pitons rocheux aux formes extravagantes, poings levés et doigts imprécateurs. Les hommes n'ont pas leur place ici. En passant, peut-être... Pourtant, ils y ont vécu en des temps reculés où l'eau ruisselait dans les oueds auxquels s'abreuvaient les rhinocéros, les girafes et les grands fauves dont ils tracèrent au poinçon ou à l'ocre les silhouettes, figées en plein mouvement depuis la préhistoire dans le silence des cavernes, juste troublé par le souffle du vent.

Sculptés par des fleuves antédiluviens et rongés par sables et vents, les reliefs tassiliens se dressent, telles les ruines d'antiques cités.

Ces puissants reliefs aux enfilades de colonnes caractéristiques ont été façonnés par les fleuves de l'époque néolithique. L'alternance des chaleurs diurnes et des gels nocturnes, qui creusent et taraudent la roche, poursuit son œuvre depuis des millénaires (à gauche). Oasis sauvage d'Afaras au nord de ce tassili, ou massif rocheux (ci-dessus). Il suffit d'une pluie qui fait germer les graines, en dormance dans le sable du désert, pour voir apparaître des touffes épineuses (à droite).

Théodore Monod

La passion du Sahara

Jamais Théodore Monod n'aurait dû connaître le désert. En 1922, ce spécialiste des poissons et des crustacés, qui travaille au Muséum national d'histoire naturelle de Paris, est envoyé en première mission sur la côte mauritanienne, particulièrement poissonneuse. Il a vingt ans. Les dunes, la vie nomade, les chameaux, le désert et ses sortilèges le fascinent. Son destin est scellé : il y passera sa vie.

Chamelier de deuxième classe dans le Sud algérien en 1928, lors de son service militaire, il découvre le massif de l'Ahnet, et procède à un relevé méticuleux de ses gravures rupestres. Plus tard, en 1928, alors qu'il traverse le Sahara de Tamanrasset à Tombouctou à l'occasion d'une expédition scientifique, il découvre un homme fossilisé du néolithique. Cet unique témoin fait partie aujourd'hui des collections de la galerie de paléontologie du Muséum. Posté au Tibesti avec les réservistes en 1939 et 1940, il consacre son temps à étudier le milieu, à cueillir des plantes, dont une sorte de gentiane inconnue, baptisée plus tard en son honneur *Monodiella flexuosa.* Chaque année, le savant visite son « diocèse », ainsi qu'il nomme le désert mauritanien et, plus largement, le Sahara. Muni de son herbier et de ses bocaux, il ne cesse de collecter des échantillons, pour lui-même aussi bien que pour ses collègues du Muséum. Il rapportera au total plus de vingt mille trouvailles !

Infatigable marcheur, il ne cessera jusqu'à son dernier souffle, en 2000 à Paris, à l'âge de quatre-vingt-dix-huit ans, d'arpenter le désert africain, toujours à la recherche d'une météorite, d'une plante rare ou inconnue. Grâce à lui, l'« érémologie », ou science des déserts, est une discipline universitaire reconnue.

Roger Cans

Vue générale de l'oued d'Afaras. Ici, une large proportion des rochers très érodés du massif gréseux ont été peu à peu réduits en sable, que les eaux des pluies rarissimes et les tout aussi rares crues de l'oued ont entraîné et lissé au pied des monts.

Tassili des Ajjer

par Catherine Guigon

Sous un surplomb rocheux du plateau de Tamrit, site de Tim Zamaïtak, les hommes, voici quelque cinq mille ans, ont tracé ces peintures dont les personnages exécutent sans doute quelque danse rituelle.

Fantastique haut plateau de grès taraudé par l'érosion, le tassili des Ajjer recèle les trésors géologiques qui font sa célébrité et les merveilles archéologiques qui lui valent d'être inscrit au patrimoine mondial de l'Unesco depuis 1982. Il s'étire dans le Sud algérien, en un labyrinthe de plaines chaotiques, de vallées arides et de murailles noires sur l'ocre du sable, sur 72 000 kilomètres carrés aux frontières du Niger et de la Libye. Il est long de quelque 750 kilomètres, et sa largeur varie entre 60 et 100 kilomètres. L'ensemble, qui culmine à 2 158 mètres dans le massif de l'Adrar, émerge en hautes falaises, à 1 500 mètres d'altitude en moyenne, au-dessus des ergs : ceux de Mourzouk et d'Oubari, à l'est, celui d'Admer dans l'immense Ténéré, au sud. Il perd de l'altitude au nord en se coulant vers les dunes d'Issaouane et de Bourharet. Y pénétrer n'est pas chose facile, tant le relief est torturé, disséqué et creusé d'*akbas,* des trous dans les escarpements accessibles seulement à pied ou à dos de chameau. Hors des canyons, des falaises noires et des forêts de monolithes, les perspectives s'étirent à l'infini, plaines de caillasses où rien n'arrête le regard. En réalité, le relief s'inscrit en creux, en sous-sol, dans des failles étroites et profondes partiellement encombrées d'éboulis. Ces vallées secrètes protègent à l'occasion une *guelta,* point d'eau alimenté par les rares et violents orages qui ravinent le désert une fois tous les deux ou trois ans, reconstituant en quelques heures les maigres réserves de ces puits fossiles.

UN DÉSERT FAÇONNÉ PAR LES EAUX

L'origine de ce désert remonte aux premiers âges de la formation de la Terre. D'importants dépôts sédimentaires, déposés par les mers au secondaire (entre 225 millions et 70 millions d'années avant notre ère) après l'érosion partielle des montagnes cristallines du primaire (de – 600 millions à – 225 millions d'années), en constituent la base. Au tertiaire (situé entre – 70 millions et – 4,1 millions d'années), le vieux socle des grès stratifiés s'est trouvé violemment bousculé par l'éruption du massif du Hoggar, et rejeté à sa périphérie. Le même phénomène explique la formation du tassili du Hoggar, au sud. De fortes variations climatiques, une succession de périodes sèches et de périodes humides, ont ensuite travaillé la roche, à l'ère quaternaire (voici quelque 4 millions d'années). Paradoxalement, dans cette zone désormais aride qui reçoit moins de 250 millimètres de précipitations par an, l'eau fut le grand artisan du relief : abondante, sauvage, alimentant des oueds impressionnants et de vastes étendues lacustres, à l'origine des ergs actuels. Elle ravine, érode, façonne, cisèle des aiguilles, ouvre des gorges étroites.

JADIS, VERT PARADIS…

À la préhistoire, entre 10 000 et 15 000 avant Jésus-Christ, le tassili devait être couvert d'une végétation verdoyante. Il n'en reste que peu de traces, les réminiscences d'une flore méditerranéenne, myrtes ou lauriers-roses au bord d'un trou d'eau et des cyprès, ou *tarout,* dont il subsiste une centaine de spécimens près de Tamrit. De cette époque survivent également des représentants d'une faune aquatique résiduelle et jadis variée : des poissons dans certaines *gueltas,* des « crevettes » dans la palmeraie de Djanet, et même un crocodile, découvert en 1924, parmi les derniers sauriens du Sahara central. À leurs côtés s'ébattent les représentants traditionnels de la vie animale en milieu désertique : gazelles et mouflons, gerboises et gerbilles, vipères à cornes, couleuvres sifflantes, lézards et scorpions. Sans oublier le traquet à tête blanche, ou *moula-moula,* considéré ici comme un oiseau porte-bonheur. C'est sans doute à la dernière période humide, vers 5 500 avant Jésus-Christ, que le tassili des Ajjer fut habité par l'homme du néolithique. Le Sahara, alors lacustre, s'est peuplé de paysans, de pasteurs, de pêcheurs. Ils se sont sédentarisés, élevant des tumulus, façonnant des poteries, broyant le grain sur des meules de pierre. Ils ont développé l'art de la chasse et tourné leurs pointes de flèches contre l'hippopotame, l'éléphant, l'autruche et la girafe. Puis ils se sont éclipsés, sans doute aux premiers siècles de notre ère, victimes de l'aridité croissante du climat. Cette dernière les obligea, en même temps que que les grands fauves, à s'éloigner définitivement vers le sud, en direction des zones moins hostiles des savanes africaines. Mais si cette sécheresse a ruiné leur civilisation, elle a également permis d'en préserver des traces, comme l'attestent les milliers de fresques, de peintures et de gravures rupestres tracées et parfois superposées, à l'abri de l'humidité, sur les parois du tassili.

PLUS DE 5 000 PEINTURES DATANT DE LA PRÉHISTOIRE

C'est dans un canyon de l'oued Djerat que fut découvert par hasard, en 1934, la représentation d'un rhinocéros, grandeur nature, gravé au poinçon sur un surplomb rocheux. À partir des années 1950, Henri Lhote, pionnier de l'exploration du tassili des Ajjer, entreprend de recenser ces chefs-d'œuvre et met en évidence des sites privilégiés. Parmi eux, la palmeraie abandonnée de Nafeg (qui compte six cents gravures), l'abri de Tin Tehed (où l'on voit douze girafes sur un pan de paroi de 120 mètres carrés), le plateau de Djder (où abondent les représentations de gazelles et de bovidés) et, surtout, Jabbaren, impressionnant sanctuaire de l'art rupestre avec plus de cinq mille figures, dont le portrait d'une femme agenouillée, baptisée Antinéa. Les spécialistes s'accordent pour classer ces vestiges, datés au carbone 14, par ordre chronologique, des plus vieux aux plus récents, selon leurs styles propres. Les œuvres les plus anciennes, dites « naturalistes », présentent la faune environnante avec réalisme : girafes au long col et rhinocéros à la corne belliqueuse. La période qualifiée des « têtes rondes » aligne des figures humaines assez schématisées, une boule pour le crâne et le ventre dodu, de taille souvent colossale et teintées d'ocre. L'époque bovidienne, où le nombre de représentations est le plus important, témoigne des activités de la vie quotidienne, notamment la surveillance des troupeaux. La période « caballine » se caractérise par des chars ou des chevaux montés par des chasseurs armés de lances et traquant le mouflon. Enfin, le dromadaire fait son entrée en scène dans la période « camélienne », supplantant les équidés. À la même époque apparaissent les premières inscriptions en caractères *tifinagh,* l'alphabet des Touareg, toujours en usage chez ceux qui nomadisent encore dans la région. Car le tassili des Ajjer reste un fief targui. Les hommes voilés, seigneurs du désert, furent longtemps les seuls à connaître les pistes et les puits salvateurs. Ces guides inestimables prenaient sous leur sauvegarde les lentes caravanes qui s'engageaient dans ces immensités, au pas lourd des chameaux, pour relier la Méditerranée au fleuve Niger. Le voyage durait des semaines, à marche forcée de dix ou quinze heures par jour, au mépris de la morsure du soleil et des éventuelles razzias. Toutes sortes de marchandises circulaient ainsi : le sel, mais aussi les tissus, les dattes d'Afrique du Nord et le *fric,* le blé vert du Mali. Ces temps sont révolus. Le bitume et les camions ont eu raison des méharées. Néanmoins, les Touareg résistent. Ils tentent de perpétuer leur mode de vie, sous la tente, entre deux transhumances pour mener leurs troupeaux de chèvres vers de maigres pâturages, ou guider les randonneurs, nouveaux venus dans le désert. Alors, au bivouac, comme dans les siècles passés, ils s'endorment tôt sous la Voie lactée… qui leur sert de toit. ■

Sur le plateau de Tamrit, cette sculpture naturelle fait partie d'un site riche en peintures rupestres, découvert en 1930 par un méhariste français (en haut). Là où il n'y a que désert et caillasse, le Targui perçoit un univers de signes parmi lesquels il s'oriente.

Tassili de l'Immidir

Horizons de pierres perforées, rongées. Visions de villages fantomatiques aux ruelles ensablées. Tours rocheuses, isolées ou en bouquets, clochetons, gorges étroites au fond percé de marmites gigantesques emplies d'eau. Paysages tranchés de canyons vertigineux aux parois qui se resserrent en gorges encombrées de rochers roulés par les crues furieuses d'oueds dont il est parfois difficile, même à sec, de remonter le lit. Ahohar, Ti-n-Senko, Tafarakrak... Des noms au parfum d'aventure et aux sonorités étranges pour désigner des lieux qui ne le sont pas moins, clés magiques d'un monde encore peu connu : le tassili de l'Immidir, dans le grand Sud algérien. Terre ancestrale et propriété absolue des tribus touareg, le mouflon en foule les cimes et le guépard s'y aventure pour traquer l'âne sauvage et le chamelon. Dans les abrupts spectaculaires de ses falaises de grès sommeillent des grottes, envahies de pénombre, aux parois couvertes de scènes de chasse, de bataille, de campements et de troupeaux datant de la préhistoire. Dans ces monts oubliés, l'aventure des hommes s'offre depuis la nuit des temps comme un livre ouvert.

Chaos de rocs des monts Timeski dans le massif de l'Immidir. Quelques mares témoignent ici d'un événement exceptionnel : une pluie.

Les massifs de falaises gréseuses, dont l'Immidir fait partie, forment une couronne autour des monts du Hoggar. Comme les autres *tassili* – mot qui, en langue targuie, signifie simplement « montagne » –, ces falaises ont été érodées, taraudées par de puissantes rivières qui, au néolithique, ont façonné ces canyons (à gauche). Au bivouac, les chameaux, laissés libres, sont simplement entravés (ci-dessus). La vipère à cornes, au venin mortel, se love dans le sable (à droite).

Tassili de l'Immidir

par Jean-Louis Bernezat

Écriture *tifinagh* sur roche dans l'Immidir. Depuis des siècles les Touareg l'utilisent.

Sauvage, loin de tout, le cœur de l'Immidir compte parmi les régions les plus difficiles d'accès du Sahara. Cette immensité de falaises de grès désertiques coupées de canyons vertigineux et d'infinies étendues noires fait partie de la ceinture de plateaux qui entourent le massif volcanique du Hoggar. Situé entre l'Ahelekan, à l'est, et l'Ahnet, à l'ouest, l'Immidir est, après l'Ajjer (haut de 1 881 mètres), qui se dresse à la frontière algéro-libyenne, le plus élevé des massifs tassiliens (1 684 mètres). Le bassin d'In Salah le limite au nord, et la route transsaharienne traverse sa pointe occidentale au niveau des célèbres gorges d'Arak, à 350 kilomètres au nord de Tamanrasset.

Le tassili de l'Immidir est disposé en deux « chaînes » d'escarpements parallèles, dites tassili interne et tassili externe, séparées par un large sillon dans lequel passent aisément les pistes chamelières. Si le tassili externe, lui, est facile d'accès, celui qualifié d'interne ne l'est pas du tout. Sur le versant de ses falaises aux reliefs spectaculaires, les anciennes pistes, abandonnées depuis longtemps par les nomades, ont été emportées par les pluies, et ni les chameaux ni les ânes n'acceptent de s'y aventurer. Pour les Touareg, l'Immidir ne fait pas partie du Hoggar. Les géographes européens, en revanche, l'y ont annexé. Il fait partie du parc national de l'Ahaggar, créé en 1987.

DES GROTTES INCONNUES

Que savais-je de l'Immidir en 1982, lors de ma première traversée à chameau de Tamanrasset à In Salah ? Bien peu de choses, si ce n'est que deux colonnes de l'armée française s'étaient arrêtées au puits d'Ahohar en 1902 pour y abreuver leurs montures. Ce que je fis également. Là, en bavardant avec les Touareg, j'appris que le pays appartenait, aujourd'hui comme dans les siècles passés, à la tribu des Issaqamaren rattachée au *tobol* (tambour de commandement) des nobles Kel Rela. On me dit que l'on y rencontrait de plus, au hasard des oueds, quelques campements de la tribu maraboutique des Iforas, et, à l'ouest, des campements de Kel Anhet, avec qui les propriétaires du sol avaient souvent des différents pour des affaires de vol de chameaux. Et puis, on me dit aussi qu'il y avait dans ces falaises escarpées des abris sous roche décorés de peintures. « Comme à Tamrit, au-dessus de Djanet », me précisa-t-on. D'après les descriptions, il semblait bien s'agir d'œuvres préhistoriques... Qui le savait, sinon quelques Touareg qui n'avaient aucun intérêt pour ces œuvres peintes et éprouvaient pour leurs auteurs, les Issabaten, un mépris condescendant. Et les archéologues ? Non, il n'en venait pas. Cependant, un ancien se souvint que des Français étaient venus ramasser des cailloux en 1943. L'*aménokal,* « possesseur du pays », le chef suprême de l'époque, avait donné l'ordre de les accompagner. Ils s'étaient contentés de suivre les vallées, sans demander à monter sur les plateaux. Enquête faite, les savants de l'Institut de recherches sahariennes d'Alger avaient en effet effleuré la zone à deux reprises dans les années 1943-1955. Mais aucun préhistorien ne s'était aventuré dans le massif. Mon intérêt pour cette région n'en devenait que plus grand. Il faudrait des années, me dit-on, pour découvrir toute la région. Vingt ans après, je l'explore toujours.

HOMMES DE L'ÂGE DE PIERRE

Nos guides issaqamaren nous menèrent donc, au début de l'année 1983, à nos premiers abris peints. Sous nos yeux, qui s'accoutumaient progressivement à l'obscurité après l'éblouissement extérieur, se discernaient des lignes ocrées qui se révélaient petit à petit être des chasseurs, des girafes, des bovidés... Des scènes ténues, parfois à demi effacées, surgies de la préhistoire et devant lesquelles, étreints par l'émotion, nous retenions notre souffle. Visions extraordinaires qui devaient marquer le début d'une exploration systématique de ce massif dont les itinéraires, au fil des ans et des expéditions, dessinent aujourd'hui sur mes cartes de véritables toiles d'araignée.

Dès lors, avec Odette, ma femme, et une poignée d'amis passionnés, nous partîmes plusieurs fois par an — parfois même en été ! — passer au peigne fin oueds et falaises pour repérer ces précieuses peintures. Très vite, l'indifférence des Touareg pour ces signes venus du fond des âges se mua en un vif intérêt qui, dès les premières explications, les transforma, avec nous, en inlassables découvreurs d'abris. Nomades comme leurs lointains prédécesseurs, ils posaient d'instinct les pieds dans leurs traces et comprenaient tout de suite où pouvaient se trouver les peintures, surpris d'en découvrir dans des grottes où ils avaient déjà séjourné. Leurs enfants, leurs parents se mirent eux aussi à chercher pour nous et à nous signaler leurs trouvailles.

Nous allions à pied sur des pistes inaccessibles aux chameaux, portant des sacs d'une quinzaine de kilos, pour un, deux ou trois jours avant de retrouver la caravane. Il fallait parfois — comme lors d'une expédition particulièrement dure, en février 1993 — s'encorder pour parvenir à franchir en toute sécurité les passages les plus délicats. Nous visitions tous les abris, avec de temps à autre, chaleur et fatigue aidant, la tentation d'en oublier quelques-uns... Mais la passion était la plus forte, et nous prenions le temps de nous habituer à la pénombre afin d'examiner chaque détail d'une avancée rocheuse avant de l'abandonner. Et, parfois, quelle récompense !

MAGIE TARGUIE ET TUMULUS PRÉHISTORIQUES

Dans l'Immidir, les abris peints sont souvent plus vastes qu'ailleurs. Beaucoup atteignent une vingtaine de mètres de long, et le plus important qu'il m'a été donné de découvrir fait plus de 200 mètres. Leurs dessins n'ont rien à envier à ceux des sites célèbres du tassili des Ajjer. Presque toutes les époques y sont représentées, avec une extraordinaire richesse de scènes de campements, de chasses, de combats. Beaucoup de personnages et de troupeaux de bovidés, mais peu d'animaux de la grande faune sauvage, exception faite des girafes. La facture, plus ou moins soignée, diffère selon les périodes. Abris sous roche ou restes de campements préhistoriques, tous ces sites sont, en outre, jonchés d'objets de toutes sortes. Éclats de taille, tessons de poterie, perles en pierre ou en coquille d'œuf d'autruche, outils du néolithique et du paléolithique s'accumulent partout où vécurent les hommes. On peut trouver des objets de granite, de quartz, de silex. Ces roches n'existent pas sur les

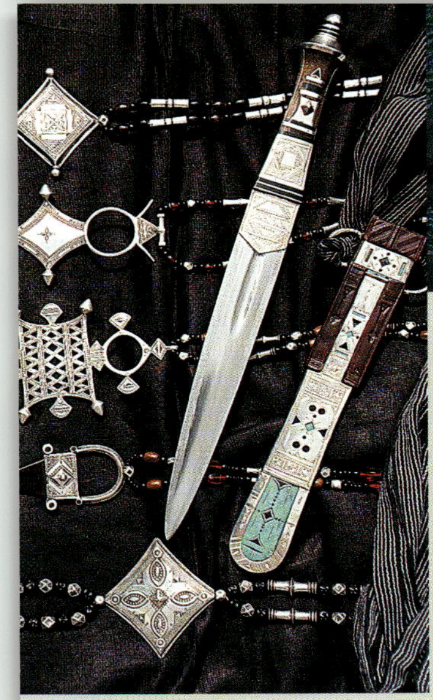

Pendentifs d'argent et croix d'Agadez traditionnelles, dont il y aurait plus de vingt modèles, sont façonnés par les orfèvres-forgerons touareg.

Les épées, dites *takouba*, sont des armes anciennes de Tolède ou de Gênes, ou bien leurs copies.

plateaux de l'Immidir. Elles y furent donc acheminées — et certaines, comme le silex, depuis le bassin d'In Salah, à 150 kilomètres au nord —, puis taillées et polies, en bifaces, en herminettes, en grattoirs, en lames, en pointes de lance ou de flèche… Toutes les époques sont mélangées. Des centaines de milliers d'années de travail de la pierre ! Çà et là se dressent aussi des empilements de roches. Ce sont des monuments néolithiques, la plupart du temps des tombeaux, dont le plus grand découvert à ce jour forme un cercle de 70 mètres de diamètre. S'il en existe une grande variété de formes, jamais les Touareg ne confondent ces sépultures, qu'ils nomment *edebni*, avec les tombes musulmanes, appelées *asensou*. Il n'y a pas si longtemps, de vieilles femmes touareg, héritières de mystérieuses pratiques magiques, restaient allongées sur les tumulus funéraires préhistoriques jusqu'à entrer, dit-on, en communication avec l'au-delà. Une pratique courante au temps des expéditions guerrières dont on voulait deviner l'issue. Que chercheraient donc à savoir ces magiciennes aujourd'hui ? La date des pluies, peut-être… Les temps ont changé. Peu à peu, la vie des Touareg aussi.

SEIGNEURS DE CES TERRES DÉSERTIQUES

Avec une école, des boutiques où se ravitaillent les nomades, l'électricité et le téléphone, Arak est aujourd'hui une véritable agglomération. Il y a vingt ans, ce n'était qu'un hameau équipé d'un poste de carburant. Les Issaqamaren de l'Immidir étaient encore tous nomades. Ils établissaient leurs campements dans les oueds, dans le sillon intratassilien et au fond de canyons enfoncés de plusieurs centaines de mètres dans les grès. Depuis la paix instaurée par la France au Sahara dans les années 1920, ils avaient délaissé les plateaux où, en cas de fortes pluies génératrices de riches pâturages, des familles complètes d'Issaqamaren de l'Immidir et de la Téfédest voisine vont encore aujourd'hui faire paître leurs troupeaux. La quantité de tentes et de chiens y est telle que les chacals n'osent approcher et qu'il n'y a pas besoin de bergers pour garder le petit bétail. Les Kel Immidir ne plaisantent pas avec leur droit de propriété ancestral, et les anecdotes qui courent sur ce point dans la région sont dissuasives. Il y a vingt ans, ils allaient à Tamanrasset et à In Salah pour acheter les denrées dont ils avaient besoin : huile, sucre, thé vert, tomates séchées au soleil, dattes et feuilles de tabac qu'ils chiquaient, une fois réduites en poudre et mélangées à du *natron* ou à des cendres d'*afazou*, une graminée qui, séchée, sert aussi à confectionner les paravents des tentes touareg. Ils rapportaient alors des tissus en contrebande de Libye.

L'ARBRE AUX MAUVAIS ESPRITS

Que pousse-t-il sur les hauts plateaux ravagés de chaleur et balayés par les vents ? Pas grand-chose. Sauf après les pluies, où le moindre centimètre carré de terre ou de sable se couvre de verdure, aussitôt dévorée par les herbivores sauvages et par les bêtes des troupeaux. Au fond des canyons, en revanche, règnent les acacias, les tamaris et les *taboraq (Balanites aegyptiaca)*, aux épines redoutables. Dissimulés dans les oueds du plateau poussent l'olivier de Laperrine, survivant des temps où le climat du Sahara était méditerranéen, le grand jujubier *(Zizyphus mauritianus)* et l'agiar *(Maerua crassifolia)*, que les Issaqamarem se gardent de brûler afin de ne pas s'attirer la colère des mauvais esprits qui, disent-ils, y élisent domicile. Pratiquement inconnu dans le massif du Hoggar, l'*asanan (Gymnosporia senegalensis)* envahit certains oueds de l'Immidir, dont la grande rareté est la *tabadjerwaït*, l'euphorbe arbustive *(Euphorbia balsamifera)*, reliquat elle aussi d'un précédent climat, chaud et plus humide, comme en Mauritanie ou en Éthiopie, où elle est fréquente. Cette diversité végétale s'avère suffisante pour attirer les herbivores, parmi lesquels le mouflon est roi. Ses traces, son territoire, ses habitudes sont, pour les Touareg, un inépuisable sujet de conversation. Il gîte sur les hauteurs, dont il descend la nuit pour manger et boire, et qu'il quitte pour de lointains pâturages lors des périodes de sécheresse.

UNE BELLE PALETTE DE VIPÈRES

La gazelle, qui préfère la course à l'escalade, hante les piémonts et les vastes étendues pourvu qu'il y ait de l'herbe, dont elle tire nourriture et boisson. En effet, elle se désaltère en broutant. L'âne sauvage, en revanche, boit souvent, tous les trois jours, selon les Touareg. Et la trace de ses sabots conduit toujours à un point d'eau accessible, si bien que l'on peut presque affirmer : pas d'âne, pas d'eau ! Il régale à l'occasion le guépard, venu du massif voisin de la Téfédest et qui le tue en lui brisant le cou. Les carnassiers ne manquent pas : chacals, bien sûr, mais aussi renards et chats sauvages, tous chasseurs nocturnes. Les vipères abondent dans toute la région, même l'hiver. Vipères des sables, vipères à cornes — avec ou sans corne, d'ailleurs —, et même quelques vipères heurtantes, toutes espèces aussi dangereuses les unes que les autres. Même s'il n'est pas toujours mortel, leur venin détruit les tissus. Les accidents sont fréquents chaque année, et la chasse à ces serpents est ouverte en permanence. Plus mystérieux, un animal incroyable aurait été vu par des bergères, dans les années 1970, au cœur d'une mare située dans un affluent de l'oued Tafarakrak. D'après leurs descriptions, il s'agirait d'un crocodile. S'y trouve-t-il toujours ? A-t-il fait souche ? Possible. Le tassili de l'Immidir, bien peu connu encore, est un désert à découvrir. ■

Scène de détente en fin d'après-midi, lorsque les rayons solaires, à l'oblique, allongent les ombres sur le sable du désert…

Painted Desert

Des montagnes couleur chocolat et des falaises aux rayures gris perle que les feux du couchant teignent en bleu roi. Des murailles vermillon. Des buttes de lave noire sculptées d'orgues géantes dont les vents en furie tirent d'inquiétantes symphonies qui vont rouler aux quatre coins de cet océan minéral. Titanesque, un amphithéâtre rose bonbon tout zébré de blanc et hérissé d'aiguilles virant, au fil des heures, de l'orange vif au blanc de nacre... Cathédrale enchantée que hante, souple, silencieux, le dangereux couguar. Un chantier de cristal où gisent des arbres antédiluviens transformés en joyaux, étalant au soleil une palette scintillante de rouges corail, de bleus lapis, de jaunes soufre et de verts des jardins d'émeraude. Tel un grand livre bariolé ouvert sur l'aube du monde, ce coin de désert évoque le temps d'avant les dinosaures, quand de monstrueux géants aux allures de crocodiles, sous des pluies de météorites, hantaient des marais luxuriants dont il ne reste que fossiles. Aux confins du réel, aux États-Unis cependant et en plein Arizona, s'étale, en éventail, la palette inouïe du Painted Desert.

Dans ce désert, succession de plateaux parallèles dont les coloris étranges varient selon les régions, vivait l'ancêtre du dinosaure il y a 280 millions d'années.

Rongé par d'antédiluviens torrents furieux, par les vents et par des températures excessives, le plateau rocheux qui, voici quelques millions d'années, s'étendait sur toute la région, s'est transformé en promontoires isolés par l'érosion, mais unis par la couleur. Cette zone gris perle soulignée de vert d'eau du Painted Desert se situe au sud (ci-dessus), tandis que les vertigineux canyons aux teintes roses, ocre et nacrées se dressent à l'extrême nord de ces paysages enchantés (ci-contre).

Painted Desert

par Bernard Martoia

Un canyon peut en cacher un autre. C'est le cas du Grand Canyon du Colorado, qui fait de l'ombre — osons l'image — à celui de Bryce, souvent ignoré et qui pourtant le surpasse, et de loin, en splendeurs. Tous deux sont, en fait, les marches d'un gigantesque escalier qui s'est formé voici maintenant dix millions d'années au nord de l'actuel Arizona, aux États-Unis. Bryce Canyon en est la plus haute marche, Zion la deuxième, et le Grand Canyon la dernière, la plus basse. Depuis les contreforts désertiques du plateau de Kaibab, au pied de l'« escalier », on embrasse parfaitement cette succession de terrasses de roc, prolongées au sud-est par des reliefs que tranchent la rivière Little Colorado. L'ensemble forme un gigantesque arc de cercle jusqu'à la frontière de l'État du Nouveau-Mexique. C'est le Painted Desert.

FALAISES CHOCOLAT, AIGUILLES ROSES ET MONTAGNES BLEU ROI

Le Désert Peint est ainsi nommé du fait des couleurs étonnantes dont semblent avoir été enduites artificiellement les buttes titanesques aux flancs sculptés d'orgues qui se succèdent jusqu'à l'horizon. À des groupes parallèles de monts couleur chocolat fait suite une puissante muraille rouge vermillon, puis des falaises blanches horizontalement striées de gris perle. S'y ajoutent, plus au sud encore, la somptueuse chaîne des bien nommées Blue Mesas dont les pentes, imbibées de manganèse et d'oxyde de cuivre, se teignent carrément de bleu roi dans le soleil couchant. Elles font partie du parc national de la Petrified Forest, aux fascinants joyaux, dont les 384 kilomètres carrés s'ajoutent aux quelque 1 000 kilomètres carrés du Désert Peint.

À l'extrême nord de ce formidable enchaînement de plateaux chaotiques, de monts tronqués, érodés, rongés, Bryce Canyon, aux à-pics rose vif, ocre ou nacrés, compose une étrange symphonie de couleurs dans une véritable atmosphère de crèche. Ses flancs, ravinés en amphithéâtre, zébrés de strates blanches et où, au petit bonheur, s'accrochent quelques pins, sont hérissés d'une forêt de tours orangées gracieusement effilées. Fairyland (« Pays Enchanté »), Sunrise (« Aurore »), Sunset (« Coucher de Soleil ») et Rainbow Point (« Point de l'Arc-en-ciel »), entre autres noms, évoquent l'irréelle beauté de ces paysages dignes des plus merveilleux contes de fées. D'ailleurs, les tours étranges sont surnommées *hoodoos*, les « porte-malheur ». Elles ont le pouvoir, dit-on, d'envoûter les visiteurs. Ce n'est pas faux, car on ne peut s'empêcher de contempler longtemps ce spectacle aux confins du réel. Érodées dans de tendres sédiments mêlés du minerais de fer qui les colorent de rose, ces fines cheminées changent de couleur au fil des heures et des saisons. À contre-jour, elles paraissent blanches, presque translucides, comme l'ivoire des dents, et elles rosissent dans les derniers rayons de soleil. Par contraste, leur teinte orange s'exaspère lorsque les neiges hivernales tapissent les vallons étroits, qui ressemblent alors à d'étranges cathédrales.

LE TERRITOIRE DU LION DU DÉSERT

Parmi les milliers d'aiguilles qui composent cette sculpture peinte inouïe se dressent certaines roches aux formes particulièrement évocatrices, tels le Caniche, le Marteau de Thor (par référence au dieu scandinave) ou le Bateau en plein Naufrage. Durant la période estivale, lorsque les sols sont dégagés, on peut se fondre dans ces paysages ruiniformes pour admirer de près ces œuvres d'art naturelles. Mais, pour qui veut embrasser la totalité du décor, un chemin d'une cinquantaine de kilomètres longe le pied de la falaise, interrompue en trois points seulement permettant des échappatoires. Car, attention, ce désert est habité. C'est le territoire du lion des montagnes, *Felis concolor,* grand « chat » de 2 mètres d'envergure, appelé dans d'autres pays puma ou couguar. C'est un solitaire que l'on voit rarement. Grand chasseur de cervidés, de bovins et de mammifères plus petits, il s'attaque pourtant parfois à l'homme. Un enfant, face à lui, n'aura jamais le dessus. Et pour sauver sa vie un adulte devra lutter à mort dans un combat inégal. En cas de rencontre, on bat en retraite, à reculons, sans courir, sans tourner le dos au fauve, tout en criant et en écartant les bras afin de lui apparaître plus grand qu'on ne l'est. Dans les paysages étranges et colorés de ce Painted Desert à échelle inhumaine, la mort comme la vie ne sont qu'anecdotes.

DES ARBRES TRANSMUÉS EN JOYAUX

Non loin des chaînes de crêtes chocolat qui s'étendent plus au sud, dans la partie du Little Painted Desert et parmi les boursouflures couleur cendre qui jonchent les étendues des Blue Mesas, se trouve un autre joyau : la Petrified

Le canyon de Chelly, aux parois ocre vif, compte parmi les sites majeurs des établissements anastazis. Ce peuple mystérieux érigeait ses demeures de pierre dans les anfractuosités et au sommet des falaises.

Forest. La Forêt pétrifiée, véritable livre ouvert sur les centaines de millions d'années qui ont précédé, sur terre, l'apparition de l'homme. Rubis, corail, saphir, turquoise, citrine... Telles sont les teintes des rondelles de bois fossiles qui gisent en vrac sur le sable rose, gris, de cette partie du désert, ou bien au creux des pentes ravinées de quelque mont. S'ils ressemblent à des joyaux, c'est qu'ils en sont. Car, par une étrange osmose, une sorte de quartz a remplacé les cellules du bois, ainsi transmué en jaspes, cornalines, agates ou améthystes. Tout a commencé à l'époque dite du carbonifère, ainsi désignée parce que le charbon s'y est formé, quelque 280 millions d'années avant l'apparition de l'homme. Ce désert était alors un marais au climat chaud et à la végétation luxuriante, où vivait le phytosaure, sorte de crocodile de plus de 8 mètres de long qui précéda les dinosaures et disparut, sans doute, lors d'une pluie de météorites géantes dont l'une laissa ici un cratère de plus de 1 kilomètre de diamètre sur 173 mètres de profondeur. Sur les hauteurs prospéraient de splendides forêts d'araucarias, ces arbres couverts d'écailles, véritables reliques qui font toujours partie des paysages chiliens et, dans le reste du monde, des jardins botaniques. Ces arbres, dont certains atteignaient 70 mètres de haut, furent arrachés par typhons et autres cataclysmes présumés, puis charriés par des eaux en furie jusqu'au fond des vallées où, bientôt recouverts d'une gangue d'argile et de sable, à l'abri de l'air, ils subirent leur lente transformation minérale.

MYSTÉRIEUX ANASTAZIS ET PILLARDS

Joyau et relique à la fois, ce patrimoine exceptionnel faillit ne jamais parvenir jusqu'à nous. Au XIIe siècle de notre ère, les mystérieux Indiens anastazis puisèrent dans ce matériau merveilleux pour bâtir leurs maisons, comme en témoigne Agate House, dans l'un des villages en ruine existant à ce jour. Fuyant la sécheresse selon les uns ou, selon les autres, les Apaches, les Navajos et autres tribus guerrières, ce peuple disparut au XIVe siècle. Cela sauva-t-il la forêt ? Elle ne perdait rien pour attendre car, cinq cents ans plus tard, au XIXe siècle, son pillage fut systématique. On alla même jusqu'à dynamiter les arbres pour en extraire, au plus pressé, les pierres fines destinées à la bijouterie et le quartz... utilisé dans l'industrie des abrasifs. Lorsque la voie ferrée transcontinentale américaine fut achevée, la réputation de cette caverne d'Ali Baba ouverte à tous les vents avait gagné le grand public, si bien que les trains s'arrêtaient en rase campagne pour permettre aux voyageurs de « voir de leurs propres yeux » ces arbres féeriques et d'en casser des fragments qu'ils emportaient comme souvenir. Faut-il qu'elle ait été riche, cette forêt pétrifiée, pour qu'il en subsiste encore aujourd'hui tant de merveilles ! C'est à Théodore Roosevelt, alors président des États-Unis, que l'on doit son sauvetage. En 1906, en effet, il signa une loi de préservation du site, décrété monument national. Il devint parc national en 1958, adjoint à des terres nouvellement acquises par l'État.

L'ORGUE FANTASTIQUE DES NAVAJOS

L'insolite, à la démesure de ce désert, en jalonne chaque coin, tel Shiprock, un monolithe de basalte haut de 457 mètres, planté dans l'immensité aride en pleine réserve navajo, monstrueux paquebot échoué dans cet océan minéral. Il s'agit d'un ancien volcan dont le tendre cône de déjections s'est étalé comme une crème glacée qui aurait fondu, ne laissant que la cheminée de laves dures. Baptisé par les Indiens Tse Bida'hi, le « Roc aux Vents », ce monstre piège les courants aériens, et les turbulences de ces derniers composent dans ses lames de lave vitrifiée les basses d'un orgue dont la symphonie fantastique se propage en ondes inquiétantes qui vont rouler aux quatre coins du désert. Les croyances animistes de ses propriétaires en interdisent l'escalade. L'accès à El Morro est en revanche tout à fait possible. Cet autre monolithe, de grès cette fois, commande l'accès au cœur profond du Painted Desert. À 2 200 mètres d'altitude, la neige n'y fait jamais défaut. Étape naturelle obligée sur le chemin de ces régions arides, il conserve les traces d'innombrables voyageurs qui, au fil des siècles, ont signé leur passage dans ses parois de roc. L'un d'eux, en date du 16 avril 1605, y a gravé l'inscription suivante : « Passé ici le gouverneur don Juan de Onate après la découverte de la mer du Sud. » Il faisait référence au golfe de Californie qui, pas plus que le Désert Peint, n'avait alors de nom. ■

Désert Blanc

Aux portes de la Grande Mer de Sable, où les prêtres de l'Égypte antique situaient l'empire de Seth, ancêtre de Satan, et où les Grecs voyaient la demeure de Méduse, s'étend le Désert Blanc. Éblouissant chaos de roches calcaires sculptées par les vents à l'est de Farafra, oasis encore secrète, il semble l'atelier fantastique d'œuvres inachevées abandonnées par quelque divin géant. Sur les sables ocre rose, de colossales silhouettes de lions, de sphinx, de gnomes semblent danser dans l'irréelle lumière de cet « hyperdésert » aux températures estivales les plus élevées de la planète : l'Ouest égyptien. Univers minéral, absolu, dépouillé, où le temps s'abolit lorsque les ombres mauves des soleils d'hiver insufflent vie au moindre relief, où la mémoire s'estompe sous l'haleine léthargique des étés de feu. Dans les tempêtes du Désert Blanc disparut une armée antique, et des voyageurs se perdent encore parfois au cœur de ses brumes de talc.

Aux marges de la Grande Mer de Sable, où seules pénètrent les sondes des satellites et de rares expéditions, se dressent les monolithes du Désert Blanc.

Sous ce désert d'une aridité absolue, où en un siècle il ne tombe souvent pas une seule goutte de pluie, coulent les millions de rivières souterraines qui, depuis la ligne de partage des eaux en Afrique équatoriale, vont se déverser en Méditerranée.

Désert Blanc

par Eve Sivadjian

Aucun bruit, aucun mouvement, aucun parfum. Dans le bref crépuscule gorge-de-pigeon, l'examen minutieux du sol n'a révélé ni traces de serpents ni traces de scorpions. À neuf heures du soir, le sable est encore si chaud que l'on hésite à s'asseoir pour le thé du bivouac, fort, sucré, bouillant. Nous sirotons ce dernier à respectueuse distance d'un feu de bois de tamaris récolté en passant, loin au nord, dans l'oasis inhabitée de Bahrein, elle-même située dans la grande dépression de Qatara. Il y a une semaine ? Un mois ? Un an ? Ici, la notion du temps se perd. Les impressions les plus fortes de la veille, les instants vécus quelques heures plus tôt semblent déjà appartenir à un lointain passé. La mémoire s'efface dans la féerie de cet amphithéâtre de falaises éblouissantes tapissé de sable rose à l'orée du Désert Blanc. Espace minéral absolu au cœur de l'immense désert de l'Ouest égyptien, dit libyque, où les températures estivales sont les plus élevées de la planète.

L'INFERNAL EMPIRE DE MÉDUSE

Nous sommes en été, avec des journées à plus de 50 °C à l'ombre… sans ombre. À part un paléontologue allemand qui, depuis des années, hante la région à la recherche d'œufs de dinosaures, nul ne s'aventure ici à cette période de l'année ; sur des millions de kilomètres carrés, notre équipe est seule dans cette partie du monde, loin de toute piste, à bord d'un unique Landcruiser. Pourquoi une telle aventure ? Pour connaître et comprendre à son paroxysme la beauté, l'atmosphère de ce désert mythique, terres rouges infernales de Seth, le Satan de l'Égypte pharaonique, où les Grecs plus tard situèrent la demeure de Méduse, Gorgone aux ailes d'or et aux cheveux de serpents dont un seul regard pouvait vous pétrifier. Pour parvenir jusqu'ici depuis Marsah Matrouh, petit port méditerranéen près de la frontière libyenne, par les oasis habitées de Qara, de Siwa et de Bahariya, sur la piste qui file plein sud, en dix jours, nous n'avons croisé personne. Aucun véhicule, aucune caravane. Juste deux chameaux errants, pelés et faméliques. Pas un seul végétal non plus, sauf dans les oasis, sur les quelque 1 000 kilomètres de paysages traversés. Mais des falaises brunes, dantesques, des sables blancs, gris, des monceaux de pierrailles et des dunes à l'infini. De hautes dunes aux pentes douces qui se reflètent dans des lacs bleu pâle aux rives sinueuses, profondément découpées, et à la surface étale, soyeuse, cernée d'une étrange végétation rigide dont certaines tiges, parfois brisées, semblent piquer du nez dans l'eau. On distinguerait presque les ondes qui s'élargissent autour, mais la masse liquide vire au mauve, au gris perle, se coule ailleurs, plus loin au pied d'une autre dune, puis au pied d'autres dunes encore... Mirages. Mirages de ce désert profond que les spécialistes nomment « hyperdésert », un mot impressionnant pour désigner des lieux qui le sont plus encore.

PHOSPHORESCENTES DANS LA NUIT

Dans cet hyperdésert égyptien, l'atmosphère estivale est gris-rose. Un drôle de gris-rose métallique qui traîne au ras d'un sol chauffé à blanc, où l'air vibre, palpable, brûlant. C'est l'« haleine ». Suffocante de jour, elle s'exhale maintenant, à peine supportable malgré la nuit, dans cet amphithéâtre de falaises blanches où le sable rose troué de nappes calcaires, semblables à de la neige, s'étale autour d'un gigantesque obélisque arrogant, doigt immaculé pointé vers le ciel. Même en l'absence de lune, les pierres, comme phosphorescentes, irradient leur blancheur, et la Voie lactée, si proche, si dense, diffuse

Les vents de sable sculptent dans le calcaire tendre des formes étranges, tels ces « guéridons », excavés dans les nappes rocheuses, et ces empilements titanesques, ultimes témoins des falaises disparues. Entrée de maison particulière dans l'oasis de Farafra.

une clarté irréelle. Des étoiles filantes fusent de tous côtés. J'observe l'étoile la plus basse s'élever au fil des heures dans la voûte céleste tandis que le fuseau pailleté à l'infini de la Galaxie tourne d'est en ouest au-dessus de moi. On ne peut dormir devant un tel spectacle. D'autant que, de loin en loin, dans ces espaces sublimes en apparence sans vie, un long cri aigu, inarticulé, déchire le silence. Appel d'un chat sauvage, d'une hyène ou d'un fennec, ce petit renard des sables à la robe blanche, aux larges oreilles et au regard triste… L'écho répercuté parmi les éboulis de roc aux ombres violettes va mourir dans les sables sans que l'on puisse l'identifier.

TEL L'ATELIER D'UN SCULPTEUR GÉANT

Au petit matin, nous nous enfonçons loin de la piste dans un fabuleux chaos, carrière titanesque de sculptures inachevées qu'aurait abandonnées quelque géant démiurge. Des formes de sphinx ou de lion, des silhouettes grotesques comme saisies en plein mouvement, toutes plus blanches que marbre de Carrare, incitent à aller plus loin, toujours plus loin, vers d'autres formes, d'autres découvertes. Mais le ciel pâlit déjà sous les vibrations de la chaleur et, du sol alentour, une brume de talc en suspension se lève. Poursuivre à pied est impensable car, là où, voici une heure, le pied s'enfonçait jusqu'à la cheville, la jambe maintenant disparaît jusque sous le genou. Même les pneus s'enfoncent dans le sable bouillant, qui devient trop meuble. Chaque jour semble plus chaud que le jour précédent. Un ou deux dixièmes de degré en plus et la limite du supportable est atteinte. Aujourd'hui, l'inquiétude monte. En silence, le gosier sec, suçant des graines de melon grillées et salées pour ralentir la déshydratation, nous nous orientons vers l'oasis de Farafra. Pour y parvenir, il nous faut traverser des paysages lunaires, enchaînements de plaques rocheuses striées d'arêtes acérées qui lacèrent les pneus et sur lesquelles on se blesse, et des nappes d'inquiétants sables mous où l'on s'enlise. Avec la constante menace de voir se lever du sol, sous le moindre souffle d'air, la redoutable brume de talc en suspension dans laquelle le voyageur n'a plus aucun repère, et qui persiste parfois de dix à quinze jours avant de retomber. Même par temps clair, dégager du sable brûlant un véhicule de plus d'une tonne en creusant, sous le châssis intouchable, avec bras et jambes en guise de pelles et l'énergie du désespoir n'a, ici, rien de rare. Ni rien d'un jeu. Et lorsque cela survient et qu'on s'en sort, c'est épuisé, mais avec quel soulagement, que l'on parvient enfin à la dépression de Farafra.

L'ARMÉE PERSE ENSEVELIE DANS LES SABLES

Farafra, la Ta-Ihw, l'oasis de la Vache, déesse Hathor de l'Égypte ancienne, si petite, si loin de tout, est encore très fermée. Ses hauts murs de terre crue ornés de peintures cachent des jardins aux raisins sucrés où gazouillent des myriades d'oiseaux. Dans l'un d'eux, sur des tapis épais jetés à l'ombre de grands oliviers, nous laissons passer les heures les plus chaudes en dégustant des figues tout juste cueillies. Dans une cour, près de la demeure, une femme cuit le pain, à genoux devant un four de terre en forme de tunnel. Sous une véranda, un cheikh très âgé et son épouse, tous deux rayonnants d'intelligence et de bonté, mastiquent avec application de petits morceaux de viande bouillie qu'ils puisent à la main dans l'écuelle d'émail blanc posée devant eux sur le sol. Des bataillons de mouches et de moustiques nous assaillent, en piqué. Les conversations s'alanguissent, les gestes sont lents. À voix basse, pour ne pas éveiller les *afrites*, esprits espiègles et malveillants qui hantent les déserts d'Égypte, quelqu'un évoque le chant des sables, ces curieuses et assourdissantes vibrations que les oasiens interprètent comme la longue plainte désespérée des armées de Cambyse, perdues dans le tout proche Désert Blanc au VIe siècle de notre ère.

Cinquante mille soldats et tout leur arsenal se volatilisèrent. Partis de Kharga sur ordre du roi de Perse, qui venait de conquérir l'Égypte, ils devaient remonter vers Siwa, dont le très célèbre oracle avait prédit leur défaite. Ils furent aperçus vers Daklha mais nul ne les revit plus ensuite, et les recherches tentées au début du XXe siècle pour retrouver leurs restes, sans doute bien conservés, ont toujours été vaines. Une tempête de sable, un jour, les découvrira sans doute. Une tempête dont la violence inouïe sera comparable à celle qui les a engloutis. Histoire de rappeler aux hommes, à travers les siècles, que le puissant Amon, dont ils avaient pour mission d'aller détruire le temple avant de régner sur Thèbes aux temps pharaoniques, était dans ce désert immense le puissant dieu des Vents. ■

Uluru Kata Djuta

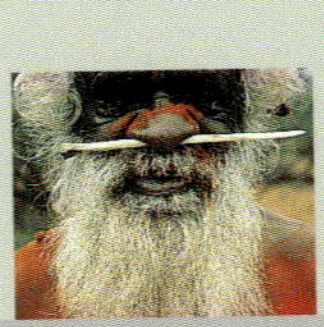

Rouge, la terre. Bleu, le ciel. Électrique. Jaunes les touffes d'herbe du bush dont le moutonnement régulier couvre, à perte de vue, le Red Center australien. Désert couleur d'incendie, au cœur des déserts du plus vieux continent de la planète. Et au milieu, le plus grand monolithe du monde, Uluru, planté dans le sol comme une météorite géante. Sur ses flancs ravinés de mille sillons profonds, de cavernes et de grottes sculptées par les intempéries depuis des millénaires, les diluviennes pluies hivernales dévalent en mugissant, transformant ce monstrueux rocher rouge en un noir champignon de cascades apocalyptiques. Emblème de l'Australie, Uluru est le nombril du monde aborigène. Le centre d'une résille de pistes magiques qui dessinent à travers les territoires sacrés de l'Uluru Kata Djuta la géographie secrète du Tjukurijta, le « Temps du Rêve ». Époque mythique où les créatures ancestrales qui sommeillaient dans la plaine se levèrent enfin et, aux hasards de leurs errances, donnèrent formes et vie à cet univers désertique.

Les Kata Djuta, ensemble de trente-six monolithes en forme de dômes, se dressent à quelque 42 kilomètres à l'ouest du géant Uluru, sur les territoires sacrés du peuple aborigène.

Ces fantastiques monolithes de granite rouge fichés dans le sol du Big Red (« Immensité Rouge »), ainsi que les Australiens nomment le désert central de tous leurs déserts, furent longtemps connus sous les noms d'Ayers Rock (à gauche) et de monts Olga (en haut). En retrouvant officiellement la propriété de ces territoires ancestraux, les aborigènes ont restitué aux géants de pierre leurs noms d'origine. Une riche faune vit dans ces parages, parmi laquelle le lézard du diable, ou moloch épineux, à l'aspect… dissuasif (ci-dessus).

Pages précédentes : Uluru en majesté sur le ciel implacable du désert.

Les teintes des abrupts d'Uluru, extraordinaire monolithe, varient selon le temps et, sous la pluie, virent parfois au bleu presque noir. De nombreuses peintures rupestres ornent cavernes et anfractuosités formées au pied des parois. Elles sont sacrées et représentent les esprits ancestraux, souvent à corps d'animaux, tel ce kangourou. Les « Billes du Diable », énormes rochers sphériques situés à plus de 500 kilomètres au nord de l'Uluru Kata Djuta, font partie du même ensemble mythique aborigène.

Uluru Kata Djuta

par Éric Massiet du Biest

Au cœur de l'Australie, pays et continent grand comme quatorze fois la France et trois fois moins habité, il n'y a que des déserts. Simpson, Great Victoria, Tanami, Nullarbor, Gibson… Tous peuplés de rêves occidentaux et de mythes aborigènes. Les premiers parlent d'aventures, d'or, d'opales et autres matières précieuses. Les seconds évoquent d'étranges ancêtres et des terres bien-aimées, généreuses juste ce qu'il faut, où les esprits, les animaux et les hommes vivent en harmonie sous les étoiles. Uluru en est le centre. Centre géographique du Big Red (« Immensité Rouge ») et centre mythique du peuple originel australien, ce monolithe de grès rutilant est un géant de 348 mètres de haut et de près de 10 kilomètres de circonférence. Visible de très loin, il trône au beau milieu des infinies platitudes de l'Uluru Kata Djuta. Ce nom désigne les 132 566 hectares de territoires désertiques restitués par le gouvernement australien, en 1987, au peuple ananga… qui y vit depuis plus de vingt-quatre mille ans. L'Unesco, la même année, inscrivit au patrimoine mondial non seulement ces terres désertiques, mais aussi leurs hommes, aux traditions millénaires, et leurs deux sites extraordinaires : Ayers Rock, auquel fut officiellement rendu son nom aborigène d'Uluru (« Grand Caillou »), et les monts Olga, redevenus les Kata Djuta (« Têtes Nombreuses »). Ces « têtes » sont en fait les trente-six dômes de granite rouge, gigantesques, qui composent les 3 500 hectares de paysages fantastiques, aux abrupts torturés et entaillés de gorges profondes, situés 32 kilomètres à l'ouest d'Uluru.

LES GROS CAILLOUX DU PLUS VIEUX CONTINENT

Il y a 800 millions d'années, alors que les grandes forêts originelles du continent perdu, le Gondwana, recouvraient une bonne partie de l'océan Pacifique, tout le Red Center australien — qui s'étend de Tenant Creek à la frontière de l'Australie du Sud — gisait au fond d'une mer intérieure. Des sédiments s'y déposèrent jusqu'à ce que les convulsions de l'écorce terrestre, éliminant la mer, livrent le sol nu à l'érosion des pluies et des vents. Les couches tendres, alors vite entamées, disparurent autour des plus dures, ces étranges monolithes qui, aujourd'hui, dominent la région. Un processus lent qui se poursuit car, loin d'être totalement dégagée, la partie encore enfouie de ces mastodontes est bien plus importante que leur sommet émergé. Uluru, par exemple, s'enfonce de 5 kilomètres dans la terre ! Il est donc, en tout, dix fois plus haut que ce que l'on en voit. Formée de couches parallèles au sol puisque sédimentaires, cette partie visible offre un sommet relativement plat avec des abrupts à 80 degrés, de haut en bas sillonnés d'un faisceau d'entailles profondes. Ce sont les lits des mille torrents issus des déluges célestes qui martèlent la région d'avril à octobre. De 150 à 300 millimètres par an, en moyenne, le niveau des pluies atteint parfois jusqu'à 900 millimètres ! Et le gel nocturne, fréquent durant cette période hivernale, ajoute à l'érosion de l'eau celle de ses cristaux pour grignoter la surface rocheuse. Les trombes d'eau qui s'abattent sur le sol au pied d'Uluru l'ont creusé de grottes et de cavernes, où les Ananga repeignent, depuis environ vingt-quatre millénaires, les créatures héroïques qui inventèrent leur monde.

ARTISANS MYTHIQUES DES TEMPS DU RÊVE

Peu férus de géologie, les Ananga s'intéressent au sens sacré de la nature en général, et en particulier de cet environnement désertique qui est le leur… et dont ils se sentent les dépositaires en tant que descendants des héros ancestraux du Tjukurijta, le « Temps du Rêve ». Un temps, sans temps, justement. Où ces créatures géantes, mi-humaines, mi-animales ou végétales, s'éveillèrent dans un monde déjà créé mais désespérément vide. Ils se mirent à y errer et à le meubler, créant ici une enfilade de touffes d'herbe *spinifex*, là-bas un bosquet d'eucalyptus, ailleurs des personnes, des lézards, des wallabies, et tous les êtres existant aujourd'hui, y compris les rochers. L'Uluru et les Kata Djuta, comme bien d'autres reliefs, sont en effet jugés par les aborigènes tout aussi vivants que leur propre peuple, de chair et d'os. Eux-mêmes se considèrent d'ailleurs comme partie intégrante de la terre, et donc en parlent en disant « mon grand-père » ou « ma grand-mère ». Pour eux, tout le créé appartient au Tjukurijta, matrice universelle et sacrée d'où sont issus, sans hiérarchie mais complémentaires les uns des autres, humains, animaux, végétaux et minéraux. La prodigieuse intégration de ce peuple au milieu désertique, hostile pour tout autre, vient-elle de cette conception particulière de l'univers ? Quoi qu'il en soit, leur connaissance de la nature, des mœurs de tous les animaux et des cycles végétatifs des plantes — et l'utilisation judicieuse qu'ils en font, en chasseurs avisés et sans gâchis — est inégalée. Leur gestion de l'environnement est, pour l'Unesco, un modèle d'écologie à étudier.

UNE TRADITION DE 24 000 ANS

Les Ananga disent avoir reçu cet inestimable enseignement du Tjukurijta, comme leur morale, leurs lois, leurs codes sociaux, leur mode de vie et leurs coutumes. C'est le Tjukurijta qui leur a dicté l'extraordinaire solidarité qui leur fait étendre le cercle familial au groupe linguistique dans son entier, si bien qu'ils portent, à l'occasion, une assistance inconditionnelle à des « parents » qu'ils ne connaissaient pas l'instant d'avant. C'est aussi dans le Tjukurijta qu'ils puisent cette faculté inouïe de s'en aller d'un pas tranquille, nus, sans vivres ni bagages, pendant des semaines, à travers les étendues désertiques. Ils savent en déjouer les dangers et y trouver, naturellement, tous

Gardiens de leurs territoires sacrés ancestraux, les aborigènes du Red Center désertique sont aussi les dépositaires de leurs très anciennes traditions. Leur société est structurée en clans, dont chacun possède un totem. L'esprit de ce dernier inspire leurs arts, toujours rituels.

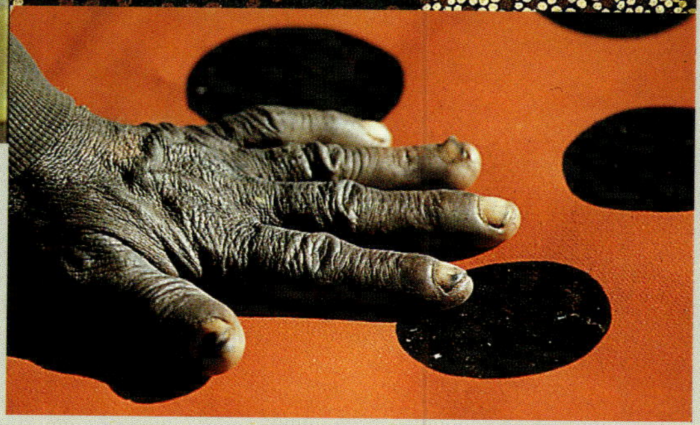

les éléments nécessaires, mieux qu'à leur survie, à leur vie quotidienne. Ils y cheminent dans les pas des fameux « ancêtres », suivant toute une résille d'*iwara,* sentiers invisibles jalonnés de sites sacrés, dont ils se transmettent la géographie secrète et la magie, qu'aucun *piranpa,* non aborigène, ne doit connaître. C'est par les *inma* (des chants rituels), par des danses, par des peintures et par des cérémonies que se transmet cette riche culture depuis plus de vingt-quatre mille ans, date des premières peintures ananga des grottes d'Uluru. Il y a donc vingt-quatre millénaires au moins que ce peuple de sages vit, inlassablement au présent, le mythique Temps du Rêve.

GARDIENS DES SITES SACRÉS

Les Ananga gardiens d'Uluru appartiennent à deux clans totémiques, les Pitjantjara et les Yankunytjatjara, regroupés dans le discret village de Mutijulu. Ils sont de cent cinquante à deux cents, nombre que vient grossir quelques centaines d'autres personnes lors de réunions et de célébrations particulières. Ils veillent, entre autres, à ce que les voyageurs du Big Red respectent les sites sacrés, où il est demandé calme et respect, comme dans la vallée des Vents des Kata Djuta ou aux abords d'Uluru. De nombreux endroits autour de ce dernier sont interdits, telles certaines grottes peintes à la base du mastodonte ainsi que tous les sentiers d'accès à son sommet. Des étrangers, passant outre cette dernière interdiction, gravissent parfois les pentes raides malgré les bataillons de mouches attaquant en rangs serrés et en piqué sous le soleil brûlant. Il n'est pas rare d'en voir y laisser la vie, victimes d'une crise cardiaque ou d'une perte d'équilibre. C'est ce que les Ananda redoutent le plus, car les âmes non aborigènes de ces malheureux polluent alors l'esprit sacré du lieu. Quels rites de purification les gardiens devront-ils célébrer ? Quelles fumigations, entre autres, devront-ils effectuer ? S'ils dévoilent volontiers les secrets de leurs plantes médicinales, leurs pratiques rituelles restent toutes un tabou absolu.

UNE FAUNE ÉTRANGE, BARIOLÉE

La végétation de l'Uluru Kata Djuta n'est monotone qu'en apparence. Elle compte en effet de nombreuses espèces, dont les aborigènes savent exploiter les plus infimes propriétés. Qu'il s'agisse du lichen gris s'agrippant aux flancs d'Uluru, qui sert pour de secrets rituels, ou bien des acacias, des cassias, des ficus, des théiers *Malaleuca* ou des quelque soixante-dix espèces différentes d'eucalyptus aux essences bienfaisantes, tout tissu végétal a son utilité. De même que les nombreuses herbes, aristides et avoines sauvages, dont les plumets parent le désert après les pluies. Mais les plus spectaculaires restent les *mulla mulla (Pilotus exaltatus),* aux énormes grappes dressées rose vif. Parmi ces végétaux vit au ras du sol une faune étrange, bariolée, tel le scinque à langue bleue, ou bardée de piquants, comme le moloch épineux, à la tenue de camouflage beige hérissée et qui se nourrit exclusivement de termites et de fourmis. Ce petit lézard est, dans son genre, aussi impressionnant que le lézard perentie, un géant de 3 mètres de long ! Le peuple des serpents est richement représenté, avec treize des vingt reptiles les plus dangereux de la planète, dont les pythons ramsay et le *western brown snake,* serpent marron de l'ouest. Pour les éviter, il suffit au voyageur de marcher d'un pas lourd et de tâter le sol devant lui avec un long bâton. Les kangourous roux, *wallaroos,* les marsupiaux et autres souris sauteuses ne parviennent pas toujours à éviter ces redoutables reptiles. Non plus que le dingo, chien sauvage à robe jaune, qui chasse en troupe sans jamais aboyer et qui regarde plutôt au ciel qu'au sol car il se méfie des aigles, dont il constitue l'une des proies favorites… avec la plupart des quelque cent cinquante espèces d'oiseaux qui fréquentent l'Uluru Kata Djuta. Soixante-six y nichent, et parmi elles des roitelets huppés, de somptueux perroquets au jacassement continuel ou des faucons pèlerins, qui trouvent dans le bush une abondante pitance. Dans ce désert australien, lapins, dromadaires, rats, chats et chiens, importés par les colons au XIXe siècle et retournés à l'état sauvage, font désormais partie de la faune. Étaient-ils prévus dans le plan initial des divins créateurs au Temps du Rêve ? On est en droit de le penser, puisqu'ils sont désormais ici comme chez eux. ■

Désert d'Ischigualasto

À l'infini, poudroyant dans les ondes de chaleur qui font trembloter l'air et troublent la netteté des contours, s'étirent des stries gris perle, blanches, mauves, rosâtres, en bandes parallèles, comme tracées au pinceau. Enfilades de plateaux rongés par les vents et par les pluies, fendus par les gels nocturnes, cuits et recuits par des millions d'années de soleil, comme agrippés à la poussière du sol que la violence des vents éparpille comme du talc. Ces paysages apocalyptiques à la réverbération meurtrière d'Ischigualasto, au nord-ouest de l'Argentine, sont le Jurassic Parc de la planète ! Leurs sites aux noms évocateurs, « Vallée de la Lune », « Cité perdue », « Rivière asséchée de la Tala » (Talampaya, en langue quechua), sont truffés de squelettes, d'œufs de dinosaures et de fossiles d'innombrables espèces aujourd'hui disparues, qui font de ce désert un fantastique cimetière antédiluvien.

Au cœur de l'immense désert de plateaux érodés d'Ischigualasto s'étend la féerique Vallée de la Lune, aux paysages de monts et de poussières.

Les eaux des ères antérieures à la nôtre ont façonné au cours de millions d'années ces paysages dantesques que les vents, chargés de sable, continuent à tarauder, sculptant au flanc des monts une étrange dentelle de pierre et mettant au jour les innombrables fossiles dont ils sont truffés : végétaux de 150 millions d'années, mais aussi squelettes de tous les spécimens de dinosaures et de reptiles qui ont existé. Ces paysages arides sont, selon les paléontologues, le plus vaste cimetière de fossiles du monde.

Désert d'Ischigualasto

par Étienne Dehau

Des broussailles rabougries parviennent à subsister malgré la rareté des pluies au pied des falaises de grès rouge de la Vallée de la Lune (ci-dessus). Polies par l'érosion, les sphères de pierre grise sont éparpillées sur la Concha de Bolas, jeu de boules à l'échelle des géants (à droite).

Voici quelque 200 millions d'années, la cordillère des Andes n'existait pas encore. Une multitude de reptiles et de dinosaures vivaient dans des contrées à la luxuriante végétation tropicale. Il en fut ainsi pendant 150 millions d'années. Subitement, le climat a changé, les dinosaures ont disparu, et ces régions fertiles sont aujourd'hui de très arides déserts d'où la vie est exclue, ou presque, au nord-ouest de l'Argentine. Ischigualasto et Talampaya, sites décrétés parcs provinciaux, sont les lieux de rendez-vous de tous les paléontologues de la planète. Quel cataclysme transforma le verdoyant éden des dinosaures en terres brûlées ? Incendie dantesque, provoqué par une spectaculaire chute de météorites et qui aurait anéanti végétation et monstres antédiluviens ? Refroidissement général de la planète que ces derniers n'auraient pas supporté ? À moins que, leurs proies disparues on ne sait pourquoi, ils ne soient morts de faim… Ou qu'ils n'aient eu à subir l'attaque massive de mammifères inconnus… À ce jour, d'innombrables questions et beaucoup d'hypothèses. Mais pas de réponses. Le mystère reste entier et confère, s'il en était besoin, une aura de « Jurassic Park » aux paysages fantastiques qui s'étendent ici, et particulièrement à la bien nommée Vallée de la Lune.

Mystérieuse Vallée de la Lune

Cette vallée poussiéreuse s'étend entre deux chaînes de montagnes aussi arides qu'elle, les *cerros* Colorados, à l'est, et Los Rastros, à l'ouest, au cœur de cet immense désert de plateaux érodés striés de gris et de rose pâles qui scandent les 64 750 hectares du désert d'Ischigualasto. La Vallée de la Lune est hérissée de rochers aux formes étranges, sculptés par des vents d'une violence inouïe et par les pluies diluviennes qui s'abattent ici toutes les… quelques années. Les gels nocturnes, l'extrême sécheresse et les brusques sautes de température ont fait le reste, et poursuivent aujourd'hui leur œuvre, toujours en formation. Certaines de ces formes sont si saisissantes que les gens des régions limitrophes leur ont donné des noms évocateurs, tels La Paloma (« la Colombe »), Los Hongos (« les Champignons ») ou La Concha de Bolas, gigantesque terrain de boules jonché de roches gris-noir, finement polies, dont l'ensemble évoque un champ de boulets de canon. Pas pour de légères couleuvrines, mais pour de très grosses pièces, car le diamètre desdits boulets va de 40 à 80 centimètres. Comme ils sont disposés sur un sol de poussière gris perle, l'ensemble forme un spectacle hallucinant.

Alentour, c'est un festival de couleurs : ocres, blancs de toutes les nuances, rouge, vert, gris. Les teintes ne cessent de changer au fil des heures, modifiant sans cesse et comme par magie le paysage, qui vire au rouge orangé puis au lie-de-vin dans les derniers feux du couchant. Dans ce décor digne des planètes marginales de la *Guerre des étoiles,* des sédiments se sont accumulés entre 225 et 180 millions d'années avant notre ère, emprisonnant au fur et à mesure les restes d'espèces animales, témoins de ces âges lointains de la terre. Grâce à quoi — sécheresse aidant, qui permet une conservation optimale — cette vallée est le site paléontologique le plus riche du monde.

L'ANCIEN PARADIS DES DINOSAURES

C'est l'un des rares endroits de la planète où l'on trouve un échantillonnage aussi complet de fossiles âgés de millions d'années et qui permettent l'étude de l'enchaînement des disparitions et des apparitions des espèces animales. Pas un maillon ne manque ici pour reconstituer un vaste pan de l'histoire des êtres vivants sur terre. Ainsi y voit-on des *Tetrapsilos,* reptiles possédant certaines caractéristiques des mammifères qui s'étaient imposés au permien, il y a un peu moins de 250 millions d'années, avant qu'ils ne soient remplacés au trias par les dinosaures. Ces derniers, qui s'imposèrent progressivement, finirent par régner en maîtres absolus. Un règne de 100 millions d'années, qui relégua au second plan tous les mammifères. En 1993, le désert d'Ischigualasto a livré des spécimens fossiles de *Marasuchus lillolensis* et d'*Eoraptor lunensis,* qui vivaient il y a 235 millions d'années. Jusque-là, le plus vieux fossile découvert n'avait « que » 225 millions d'années. C'était *Herrerasaurus ischiguastensis,* ainsi baptisé en l'honneur de son découvreur, le chercheur argentin Herrera, qui le mit au jour en 1988. Il s'agit d'un individu de 5 à 6 mètres d'envergure, prédateur bipède comme le tyrannosaure, et ayant comme ce dernier les membres inférieurs nettement moins développés que ceux à l'aide desquels il marchait. À ce jour, ces spécimens sont les vétérans de cette fantastique Vallée de la Lune, où pullulent les fossiles de centaines d'autres espèces aux morphologies variées et dont le poids allait de quelques kilos à plusieurs tonnes. Les scientifiques, pour s'y reconnaître, les classent en deux groupes majeurs d'après la forme de leur bassin : les sauripelviens et les avipelviens, ces derniers étant les ancêtres des oiseaux.

DES GRAVURES RUPESTRES DE 6 000 ANS

Situé à quelque 40 kilomètres de la Vallée de la Lune, Talampaya, dans la Rioja, également promu parc provincial, recèle d'autres merveilles. Bien sûr, les paléontologues y trouvent encore leur compte, puisqu'ils y ont découvert des squelettes de *Lagosuchus talampayensis* (encore un dinosaure), vieux de 250 millions d'années, et le fossile de la première tortue connue, *Paleocheris talampayensis,* âgée quant à elle de 200 millions d'années.

Mais Talampaya fait surtout le bonheur des archéologues. Cet immense canyon, aux abrupts de grès rougi par une forte densité d'oxyde de fer, profond de 180 mètres, est l'un des sites rupestres les plus importants d'Argentine. Voici quelque six mille ans, des « Indiens » ont colonisé les grottes ouvertes de ces falaises, comme l'attestent les innombrables figures anthropomorphes et zoomorphes, ainsi que les formes géométriques, qu'ils ont gravées sur les parois. Ces pétroglyphes, joints aux fragments de céramique abandonnés en nombre et à plusieurs momies sacrificielles — semblables à celles du désert d'Atacama chilien et appartenant à diverses époques précolombiennes —, permettent de reconstituer, dans une certaine mesure, la vie de ces gens d'un autre âge. Ainsi sait-on comment ils chassaient et quels gibiers ils prenaient grâce aux scènes représentées. Lièvres, guanacos, tatous, une faune encore présente dans ce désert aujourd'hui, avec le renard gris ou le chinchilla qui se glissent, à couvert, parmi les maigres buissons du Pueblo Perdido, la « Cité Perdue » toute proche.

Il s'agit en fait, dans une dépression de plusieurs kilomètres de long, de reliefs ruiniformes qui évoquent quelque antique cité, depuis longtemps détruite, et de surprenantes silhouettes taillées dans le grès. Parmi elles, des caroubiers rachitiques, des cactus et, çà et là, un *brea,* arbre local couvert de fleurs jaunes au printemps, parviennent à survivre. Dans le pan de ciel étincelant que découpent les parois abruptes du canyon tournoient aigles, condors et vautours. Ils planent inlassablement, repérant sitôt survenue au sol la moindre défaillance des reptiles et des petits mammifères. ■

Façonnés par l'érosion de l'eau et des vents de sable, de curieux rochers ressemblent à des statues, tel cet amas de pierres en forme de sphinx famélique.

Pampa désertique de Nazca

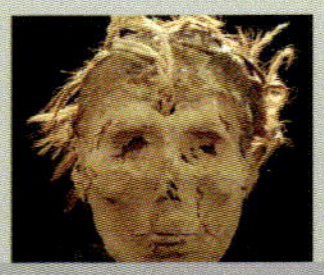

Face à l'océan Pacifique, des montagnes de roches grises aux puissants reliefs émoussés, comme ouatés, entaillés de brèches de verdure que dévalent des rios capricieux. Derrière leurs cimes, dans un ondoiement de poussières, d'effritements et de rocailles minées par l'air gorgé de sel et d'eau, s'étend la pampa de Nazca, au Pérou. Un fantôme de steppe à l'haleine estivale de feu, gorgée d'humidité mais où il ne pleut pas. Vu du ciel, le ruban d'asphalte de la Panamericana andine court à travers ces solitudes de galets et de sables à la surface indurée, grêlée d'ornières et creusée de sillons semblables à des sentiers muletiers ou aux lits de cours d'eau asséchés. Rien ne permet d'abord de déceler dans ces lignes de fuite l'empreinte d'une œuvre colossale, épurée jusqu'à l'abstraction. Mais, à bien y regarder, se distinguent les figures inscrites dans le sol poudreux, envoûtants chemins de prière sur un « parchemin » minéral aux signes maintes fois effacés et retracés, voici deux millénaires, par les Nazcas. Peuple mystérieux, épris de finesse et de géométrie, il fit de ce plateau aujourd'hui dénudé la plus grande table à dessin de l'histoire.

Surnommé le « Géant d'Atacama », ce dessin de chef divinisé de 95 mètres de haut compte parmi les plus célèbres géoglyphes du site désertique de Nazca.

Les mystérieux dessins géants tracés à même le sol de la pampa désertique de Nazca, tant en plaine que sur les premiers contreforts andins, ne sont visibles que du ciel. Gravés dans une couche de roche plus foncée que la surface d'argile et de gypse du sol, ces géoglyphes furent préservés par l'absence de pluies et de passages humains, ainsi que par le balayage des vents qui a empêché sable et terre de les recouvrir. Selon les archéologues, leurs lignes représentaient des parcours rituels.

Pilotis en bois, derniers vestiges d'un temple appartenant à la civilisation huari (VIIe-XIe siècles), postérieure à celle des Nazca, situés à 4 kilomètres de l'ancienne cité religieuse de Cahuachi (ci-dessous).

Pampa désertique de Nazca

Maria Reiche, mathématicienne allemande, fut la première à s'intéresser aux géoglyphes de Nazca, auxquels elle se consacra avec passion de 1946 à 1998, année de sa mort. Le site de Nazca vu du ciel (en haut, à droite). Masque votif miniature en porterie nazca (à droite).

Près de l'océan Pacifique, à 400 kilomètres au sud de Lima, le désert de la côte péruvienne s'accroche à quelque 800 mètres d'altitude dans la cordillère des Andes. C'est un moutonnement de caillasses grises et de poussières limoneuses où des pluies rarissimes, qui ne dépassent guère 30 millimètres dans l'année, laissent parfois, le temps d'un mirage, comme un léger brouillard verdâtre : quelques herbes qui, à peine nées, s'évanouissent. Ce relief lunaire aux teintes grises, plus ou moins rouille par endroits, est curieusement coupé de vallées fertiles qu'arrosent les rios andins. La pampa désertique de Nazca est, en effet, un monde paradoxal. La chaleur y est suffocante durant les mois d'été. Elle vous cloue au sol. Et lorsque la *garua,* une brume océanique, passe la barrière des cimes, l'atmosphère, saturée à quatre-vingt-dix pour cent d'humidité, devient irrespirable. Grâce à ce phénomène cependant, une bruine, par condensation, mouille l'arrière-pays, formant des oasis, les *lomas,* où croissent des plantes apparentées aux orties et où quelques oiseaux et mammifères parviennent à survivre.

Mais d'ondées fécondes… pour ainsi dire aucune. Cela parce que les Andes, à l'est, font rempart aux dépressions venues de l'Atlantique. Et parce que le courant de Humboldt, venu lui de l'Antarctique, à l'ouest, refroidit les eaux du Pacifique, si bien que la brise marine de la côte péruvienne, créant une inversion thermique, fait se lever des brouillards qui ne se condensent pas assez pour donner la pluie. Sur ces terres ennuagées et pourtant sèches, le galop des vents, seul maître des nuées, déplace l'horizon. Modelée par des millénaires de tremblements de terre, cette pampa au climat étrange ressemble à un champ de décombres. C'est, en fait, un immense dépotoir sédimentaire qui recèle un pan de la mémoire oubliée des hommes. En effet, au sud du rio Grande et de ses affluents Palpa et Ingenio, le bassin de Nazca abrite l'un des sites archéologiques les plus stupéfiants de l'Amérique précolombienne.

13 000 DESSINS GRAVÉS DANS LE SOL

Quasiment invisible depuis le sol, s'offre au regard vu du ciel un labourage de traits fulgurants, de lignes, de signes. Sur 700 kilomètres carrés affleurent treize mille figures géométriques, rectangles, spirales ou segments rectilignes, entrecroisées ou superposées, dont certaines mesurent jusqu'à 8 kilomètres de long. Parmi ces fascinants géoglyphes — du grec *geo,* « terre », et de *glyphein,* « ciselure » —, on dénombre une quarantaine de silhouettes animales et plus ou moins humaines. La plupart d'entre elles, homme-chouette, condor, pélican, colibri, singe, araignée, sont immenses. Ainsi y voit-on un colibri de 97 mètres de long, un condor de 120 mètres d'envergure et un pélican de 300 mètres. Ces motifs apparaissent par effet de contraste : leur dessin en creux révèle une couche de gypse, d'un blanc cassé, que recouvrent des débris rocheux gris-beige, plus sombres. Soit qu'on ait retiré les cailloux pour nettoyer les « lignes », soit qu'on ait raclé ou gratté le sol autour pour les faire apparaître. Quand elles s'étirent à l'horizon, par-delà collines et fossés, sans jamais dévier, des murets les bordent pour en accuser la trace.

MYSTÉRIEUX EMPEREURS-DIEUX DE LA PAMPA

Des aviateurs péruviens avaient repéré ces dessins étranges dès 1920 mais, pendant près de vingt ans, il n'en fut fait aucune mention dans quelque document que ce soit… à l'exception d'une chronique espagnole datée de 1551 et qui évoque, sans plus, de curieux signaux sur le sol. En 1939, l'archéologue américain Paul Kosok, spécialiste en hydrographie, vint prendre des relevés photographiques aériens d'un système d'irrigation préinca. Il sut d'emblée que les signes qu'il survolait étaient bien autre chose qu'un ouvrage prosaïque. Il éveilla l'intérêt d'une mathématicienne allemande, Maria Reiche, qui, très vite, se consacra corps et âme à leur étude. Elle les épousseta à l'aide d'un balai en paille de riz, dressa leur inventaire et se livra à de savants calculs, convaincue d'exhumer le plus grand calendrier astronomique du monde. Hypothèse étayée par certains repères correspondant à plusieurs constellations, mais illogique cependant dans une région où les brouillards qui voilent l'atmosphère cachent souvent les étoiles. Au bord de la route panaméricaine, une structure métallique, sorte de tourelle d'observation émouvante, rappelle les travaux passionnés de cette femme qui la fit construire afin de permettre aux voyageurs d'admirer ces signes, venus du fond des âges et auxquels elle consacra sa vie jusqu'en 1998. Elle s'éteignit cette année-là, à l'âge de quatre-vingt-quinze ans, sans avoir découvert la clé de l'énigme.

D'autres chercheurs, d'autres chasseurs de bizarreries ont arpenté ce désert et élaboré des théories diverses. Aujourd'hui, les campagnes de fouilles ont permis de comparer les géoglyphes à des pétroglyphes, gravures de félins et d'animaux marins, découverts sur les parois des canyons environnants. S'ils

par Gilles Dusouchet

reflètent le parcours esthétique et spirituel de cette civilisation millénaire nazca, ils restent pourtant muets. Pourquoi ce peuple côtier, dont la société était étayée sur un système religieux gouverné par des empereurs divinisés à l'instar des Incas et qui avait étendu son empire sur la pampa du Vᵉ siècle avant Jésus-Christ au VIᵉ siècle après, les avait-il tracés ?

LES TEMPLES ÉBOULÉS DE CAHUACHI

S'ils semblent avoir ignoré toute forme d'alphabet, les Nazcas, à l'évidence, possédaient des notions de géométrie suffisantes pour reporter le dessin d'un plan à petite échelle sur de vastes portions de sol, quadrillées au cordeau. D'après l'archéologue italien Giuseppe Orefici, les figures animales, exécutées d'un trait et comportant une « entrée » et une « sortie », auraient été des parcours rituels sur lesquels, lors de cérémonies ésotériques, officiants et fidèles auraient cheminé en file indienne. L'importance donnée aux motifs en spirale suggère la célébration d'un culte de l'eau, tandis que les nombreux animaux appartiendraient à des cérémonies se rapportant à la fertilité. À la chasse aussi, peut-être ? Les figures abstraites sont plus tardives. Certains archéologues y voient l'abandon des valeurs traditionnelles, et donc le signe du déclin de la civilisation nazca. D'autres les comprennent comme le tracé de réseaux hydrographiques souterrains, que ce peuple savait exploiter. Tous s'accordent en revanche pour situer vers le VIIIᵉ siècle — au contact d'autres peuples de l'Altiplano, hauts plateaux andins — l'abandon par les Nazcas de leurs coutumes, et leur établissement là où se trouve aujourd'hui la petite agglomération de Nazca. Ce faisant, ils délaissaient définitivement leur enceinte sacrée, ce désert marqué, aux sens propre et figuré, par leurs mystérieuses déambulations. Restent les vestiges disséminés aux environs, tels les puits en colimaçon qui jalonnent le vaste réseau d'aqueducs souterrains ou, mieux encore, sur la rive opposée du rio Nazca, les ruines ensablées de l'antique Cahuachi. Cette ville éboulée, dont les édifices en adobe s'étendent sur 24 kilomètres carrés, était la capitale civile et religieuse de ce peuple. Une grande pyramide d'une base de 110 mètres de côté s'élève encore à une vingtaine de mètres au-dessus des murets épars, dont le quadrillage à certains endroits donne une idée de la disposition de la ville. Écrasé de soleil dans ce paysage minéral à l'ambiance envoûtante, le voyageur un peu averti des temps précolombiens reconstitue sans peine l'animation des rues, la foule aux vêtements très colorés, austère cependant et un rien compassée, qui y déambulait. Plus difficile est d'imaginer le cadre fertile et verdoyant de la campagne alentour. Ravagée vers le IVᵉ siècle par un tremblement de terre suivi d'énormes coulées de boue, Cahuachi se transforma en une nécropole abritant près de trois cent mille corps.

LE DÉSERT A GARDÉ AUX ÉTOFFES LEUR SPLENDEUR

Près de la cité, dans un cimetière aux tombes aujourd'hui à ciel ouvert car éventrées par les *huaqueros,* pilleurs de tombeaux péruviens, gisent des momies plus ou moins « complètes », des ossements divers et des crânes à cheveux longs, dont certains portent au front un trou où sont restés collés quelques fibres de corde... Pour les suspendre ? Les transporter ? Sont encore éparpillés des tessons de poteries et des petits morceaux de ces admirables céramiques aux décors polychromes, d'une finesse d'exécution et d'une richesse de palette inégalées, dont les motifs rappellent ceux du sol grumeleux de la pampa. Avant d'être mises à sac, ces sépultures — et bien d'autres encore — abritaient des corps séchés emmaillotés d'étoffes, tels de gros ballots, qui comportaient parfois jusqu'à cent cinquante pièces de tissu. Ces « manteaux funéraires » sont parmi les plus raffinés de l'histoire précolombienne, et le tissage fut probablement l'une des grandes industries nazcas. En coton ou en laine d'alpaga, les vêtements aux motifs fluides témoignent de l'habileté des artisans de cette civilisation. Le climat désertique a conservé intacts ces serges, ces brochés, ces gazes et ces similivelours, dans tout l'éclat et la diversité de leurs teintes, dont plus de deux cent cinquante ont été répertoriées. Certaines pièces d'étoffe dépassent 100 mètres carrés de surface. Et le fil à deux brins qui compose la trame mesure jusqu'à 360 kilomètres de longueur. Ces prouesses textiles ont inspiré une hypothèse originale sur la fonction des dessins tracé sur le sol de cette étrange pampa... Et si les lignes intaillées dans le sol avaient servi de guides pour réaliser ces tissus funéraires gigantesques ? Le désert de Nazca aurait alors été le plus grand atelier du tissage du monde. ■

Islande, île aux déserts de lave

Gorgée d'eau et de glace, l'Islande est un désert... humide. Monde étrange que ce bouquet de volcans jailli entre Groenland et Norvège, à deux doigts du cercle polaire mais où les eaux chaudes du Gulf Stream adoucissent le climat. Les soubresauts de son sous-sol, où se mêlent l'eau et le feu, font de ses espaces arides aux paysages inouïs jonchés de cratères bariolés une éblouissante palette de curiosités géologiques. Des monts dépouillés, cônes géants, roses, jaune vif, vert-de-gris, brunis de mousses sèches, blanchis de glaciers moutonnant à perte de vue dans des fumets de soufre, sous des ciels anthracite ou d'un bleu irréel. Des océans de lave noire, pulvérulente, où le marcheur s'enfonce et que les vents soudains lèvent en tourbillons échevelés. L'incessant borborygme des geysers, des sources bouillantes, et le fracas des torrents sur le basalte nu composent à certains endroits une symphonie d'aube du monde. Ailleurs, le silence est cosmique. Sur cette terre aux déserts envoûtants, l'homme a tout juste une place, précaire, près des rivages à la steppe veloutée où survivent le bouleau rampant et la myrtille naine.

Île volcanique jaillie de l'Atlantique Nord, l'Islande est jalonnée de phénomènes géothermiques tels que les geysers, les solfatares et les crevasses de boues brûlantes.

Pages suivantes : à la fonte des glaciers, d'innombrables voies d'eau saisonnières s'étalent dans les plaines au pied des volcans.

L'Hekla, dont la dernière éruption spectaculaire dura trois mois au début de l'année 1991, est le volcan le plus redoutable de l'île. Il était considéré par l'Europe médiévale comme l'une des portes de l'enfer. Même assoupi, il occasionne dans toute la région des phénomènes très particuliers, dont les mares de boues fumantes comptent parmi les moins impressionnants. Là où les vapeurs brûlantes s'en échappent encore, le sol se décompose.

Très riches en sels minéraux et en oligoéléments, les coulées de laves solidifiées, donc refroidies, se couvrent d'un manteau de mousses, de lichens, de thyms polaires et autres végétaux croissant au ras de terre à ces latitudes venteuses (ci-contre). En 1783, le massif volcanique de Laki, dans le sud de l'île, connut une éruption particulièrement dévastatrice qui généra plus d'une centaine de cônes tel que celui-ci. Ils furent formés par projections et fontaines de laves (ci-dessus).

Islande, île aux déserts de lave

Surgie d'une montée de magma volcanique entre océan Atlantique et océan Arctique, l'Islande décline sur les quatre cinquièmes de son territoire une éblouissante palette de régions désertiques d'où toute vie est exclue. Entre feu et glace, son territoire instable gagne de temps à autre quelques kilomètres carrés de plus sur les eaux, au hasard des éruptions sous-marines. Depuis 1963, ces dernières ont fait jaillir des flots l'île de Surtsey et ont triplé la surface de sa voisine, Heimaey. Les fureurs souterraines de la grande terre ont façonné une géologie complexe qui fait le bonheur des scientifiques, et dont le volcan Hekla décline un bel échantillonnage.

UN MONSTRE QUI VOMIT L'APOCALYPSE

Ce volcan, dont la base circulaire s'étire sur plus de 200 kilomètres carrés au sud de l'île, toujours en activité et dont la dernière éruption date d'une vingtaine d'années à peine, offre une succession de paysages surréalistes. Ici, on se croirait sur la Lune ; plus loin, on se retrouve sur quelque noire planète vouée aux forces des ténèbres. Ailleurs encore, l'illusion de parcourir des steppes désertiques en Asie centrale est presque tangible. Et le tout est parfois coupé d'un pan de verte Irlande. On ne peut aborder ce géant qu'à pied, en période estivale, en une longue marche de huit jours au moins. L'approche est longue, et, dès le départ, la progression lente. On ne voit d'abord du volcan assoupi que le cône lointain dont le sommet fume paresseusement sous sa calotte de glace et dont les flancs noirs s'étagent en croupes arrondies. Apparence bien inoffensive pour ce monstre froid qui, d'un sursaut, peut s'éveiller et vomir l'apocalypse.

Pour l'heure, une bise glaciale balaye le sol de cendres piquées de solfatares, ces cheminées de vapeur qui soulèvent la poussière du sol en crachant le soufre et finissent par former des concrétions compactes. Alentour, et à perte de vue, s'étendent de vieilles laves pulvérulentes tachées de traînées jaunes, ocre ou rouges, selon que le soufre ou le fer l'emporte en concentration dans les vapeurs qui sourdent des profondeurs infernales. Les coulées de magma solidifié ressemblent à s'y méprendre à celles des glaciers, mais à des glaciers qui seraient recouverts de cendres et dont les séracs, blocs qui se brisent sous la pression de leur propre poids, seraient formés de glace noire. Soudain à l'horizon apparaît un lac, comme suspendu à la nuit. Silence cosmique. Non loin, des pentes douces, curieusement zébrées, dont on ne sait s'il s'agit de coulées de neige blanche dans la cendre ou de coulées de cendre sur les névés. Le sol, souple sous le pied, est tapissé d'un moutonnement de mousses noires aux allures de tourbières, seule végétation de ce faux décor de haute montagne, sans rochers, ni pics, ni escarpements.

CONCRÉTIONS DE SOUFRE EN FORME DE YOURTE

Plus loin, la lave devient chaotique, coupée de crevasses qui obligent à sauter de bloc en bloc, sans s'aider des mains surtout, car cette lave dure, brute de refroidissement, vous déchirerait la peau. Devant s'étend maintenant un océan de roches noires, boursouflées, éclatées, friables, souvent agrégées en grappes aux arêtes vives où marcher relève de l'exploit. La progression n'est guère plus aisée lorsque, par on ne sait quel miracle, la lave se couvre bientôt d'une épaisse couche de mousses dont le velours vert tendre masque les reliefs et multiplie le nombre de pièges. C'est comme si l'on avançait sur un fond marin dans un dédale de rochers couverts d'algues. Et, sans transition, on débouche dans une vaste plaine au sol lisse, couvert de prairies spongieuses où alterne le vert vif de l'herbe à l'air libre et qui respire et le jaune pâle de l'herbe asphyxiée par noyade. Landmannhellir. Tel est le nom de ce lieu où des poneys gambadent au trot coulé, le *tölt,* une allure singulière, propre aux montures islandaises, qui semblent glisser sur les sols les plus chaotiques. Seul relief à l'horizon : d'anciennes solfatares. Rabotées par les vents, les pluies et les neiges, elles s'arrondissent en dômes qui, dans cette steppe aux allures d'Asie centrale, évoquent de loin les yourtes d'un campement mongol. Brève illusion avant l'entrée dans un désert de sables noirs, planète désolée où le marcheur s'enfonce bientôt.

UN OCÉAN DE CENDRES NOIRES

Plus rien n'accroche le regard sauf, parfois, l'éclat brillant d'une obsidienne ou la touffe minuscule d'une saxifrage en fleur, surgie là comme par miracle. Enfin, à l'horizon de ce paysage d'astre mort surgit le cône vert tendre d'un volcan dont la découpe, en triangle parfait, constitue un repère sur lequel le voyageur peut étalonner sa progression pour savoir qu'il avance. Mais une fois passée cette balise couverte de mousse, l'infernal désert noir qui semble n'avoir ni issue ni fin reprend ses droits. Et il faudra des heures, un ou deux jours peut-être, pour voir se profiler à nouveau quelques reliefs dans cet océan de cendres. Ce sont d'étranges blocs de lave solitaires, aux formes tourmentées. Celui-ci ressemble à un menhir que la foudre aurait broyé et noirci. Celui-là pourrait être la silhouette d'un homme blessé. Et cet autre, un épouvantail planté dans ce vide où ne se pose pourtant aucun oiseau. Derrière chacune de ces statues grotesques s'est formée une petite dune de sable fin que colonise quelques maigres touffes d'*oyat.* Vision fugitive de plages atlantiques, voire d'ergs sahariens, lorsque le soleil bas joue avec les ombres. Sur cette planète lugubre, il ne manquait qu'un vent le sable. Le voilà. Rasant le sol, il vous enveloppe de tourbillons de poussière grise dont la cohorte file, comme aspirée vers l'horizon sans fin où elle disparaît.

par Roger Cans

a pas la moindre brindille. Aucune flamme, donc, pour égayer le jour qui s'éternise et éloigner les nuages de moucherons voraces qui, au crépuscule, s'abattent sur tout ce qui vit. Demain sera fait de plaines caillouteuses inondées et de gués à franchir, de sols aux graviers de lave qui crissent sous les pas, de cols noyés de brume entre des falaises de basalte du même gris que le ciel. Seul signe de vie de ce côté du volcan : les ossements blanchis d'un mouton perdu. Mais de l'autre, au terme de la traversée, s'étend une zone verte, presque riante, où parmi les herbes et les mousses pousse le *camarin,* sorte de myrtille aux petits fruits rouges comestibles. Au bas des pentes bien exposées se risquent même quelques arbustes : saules herbacés, très fragiles broussailles et bouleaux nains rampent au sol, couchés durant presque toute l'année par la bise polaire et écrasés sous le poids de la neige.

Dans cette île au volcanisme très actif se forment des geysers. Issus des sources chaudes du sous-sol, ils jaillissent sous la pression des vapeurs souterraines lorsque ces dernières dépassent la température de 100 °C, point d'ébullition de l'eau (ci-dessus). Cône de soufre (en bas).

DANS LA VOLUPTÉ DES SOURCES CHAUDES

Seul lieu de douceur dans ces paysages diaboliques : Landmanalaugar, au cœur de la réserve naturelle de Fjallenback. Le lit de rocaille nue d'un torrent glacé mène à un cirque montagneux environné de névés. Et là, dans le méandre d'une rivière enveloppée de brumes, barbotent des hommes et des femmes à demi nus malgré le froid. Des Islandais, bien sûr, qui ont fait des kilomètres pour profiter du sauna naturel produit par la source chaude qui jaillit dans ce courant glacé, et où certains passent des heures. Là où elle fuse, l'eau de la rivière brûle. Une brasse plus loin, elle est tiède, douce, idéale. Mais une brasse de plus encore, et une chape d'eau glacée s'abat de tous côtés sur vous. Après cette étape bienfaisante, la marche qui suit est, pour la première fois, de l'escalade. La pente est continue et douce au flanc d'une montagne rocailleuse, uniformément jaune car elle est imbibée de soufre, où se dresse, insolite, une sorte de cheminée de fée solitaire, tel un chicot érodé ayant appartenu à quelque géante sorcière.

DES TEINTES DE CRÈME GLACÉE

Au sommet, sur une crête de glace, au pied d'un névé terreux d'où sourd un ruisseau limpide, s'est posé un lagopède. Peu farouche, cette perdrix des neiges aux pattes garnies d'élégantes plumes blanches se laisse approcher sans fuir. Le cri d'un bruant des neiges déchire l'atmosphère de cet endroit magique. Dans le ciel passe un vol de cygnes sauvages, cous tendus, indifférents. Partout où porte le regard se profilent des croupes mollement arrondies où les fantaisies de la géologie font éclater les couleurs : monts roses, jaunes, noirs, et parfois verts lorsqu'ils recèlent du cuivre ou sont tapissés de mousses. Certains sont blancs, couronnés de névés. Symphonie de couleurs, féerie de nuances que cette immense crème glacée fondant sur un volcan.
Le soir, au bivouac, on ne peut faire de feu car, dans ce désert minéral, il n'y

LES DERNIERS CHASSEURS DE BALEINES

C'est là, près de l'océan, que s'installèrent les premiers colons venus du pays viking. À la ferme Skogar, quelques bâtiments traditionnels pieusement conservés témoignent de la vie qu'ils y menaient au XIXe siècle. Des murs bas, en pierre de lave, des toits couverts de mottes herbues et soutenus par du bois de récupération. Car ici, faute d'arbres, c'est dans la mer qu'on trouvait le bois ! Caisses, planches et poutres jetées sur la grève par les courants marins, parfois des arbres entiers, qui avaient dérivé sur des milliers de kilomètres pour finir par s'échouer ici. Les gens en faisaient charpentes et meubles. Ils façonnaient aussi ces derniers dans des os de baleine, qu'ils n'ont d'ailleurs jamais cessé de chasser. Tabourets fait d'une vertèbre de grand cétacé, ustensiles réalisés dans des dents ou dans des côtes de cachalot… Si les Islandais jouissent aujourd'hui du confort moderne, les hommes vont encore chasser en mer pendant que les femmes tissent la laine des moutons, l'une des ressources terrestres de cette île aux mille déserts. ■

Déserts de Sel

Salar de Uyuni

Des volcans sans nom dans des champs scintillants de sel où grondent des geysers infernaux parmi des vapeurs bouillantes qui s'élèvent en volutes du sol gelé. Des eaux stagnantes et glauques à la surface desquelles éclatent de suspectes bulles blanches et des lagunes couleur rouille frangées de vert émeraude et toutes marbrées de sel. Cette poudre éblouissante, essentielle à la vie et qui pourtant, ici, stérilise tout, imprègne jusqu'au cœur l'extrême nord-est de l'Atacama chilien et le sud de l'Altiplano bolivien. Des millions de flamants roses quittent en vols serrés les bords d'une lagune dans un nuage de plumes, qui va se poser autour d'une autre mare où se mirent les nuages. Sur ces déserts si proches du ciel, que hantent toujours les élégantes vigognes à la laine plus fine que celle des lamas et les nandous dodus (sorte d'autruches sud-américaines), s'accrochent çà et là, dans ces confins du monde, quelque petit village blanc aux habitants silencieux. Cousins germains des Incas, ils appartiennent à l'un des plus vieux peuples du monde. Et le voyageur, émerveillé par leur pays sublime, éprouve l'étrange sentiment de ne plus être sur Terre.

Au cœur de l'immense lac de sel d'Uyuni, en Bolivie, se dresse *la isla del Pescado,* l'île rocheuse dite « du Poisson », hérissée de cactus.

L'éblouissante surface du Salar de Uyuni reflète la couleur du ciel. Bleue lorsqu'il fait beau, irisée à l'aube et grise par mauvais temps, elle sèche au soleil en formant une croûte qui se craquelle en dalles géométriques, quadrilatères et pentagones pour la plupart. En tas réguliers, les cristaux de sel récoltés sèchent au soleil.

Salar de Uyuni

par Michel Zalio

La réverbération est intense sous le ciel implacable, aussi les travailleurs du sel doivent-ils se protéger le visage et les yeux, malgré tout brûlés en quelques années. Tour à tour grattoir et aplanisseuse, l'instrument que manie ce garçon sert à récolter et à étaler le sel. Une fois sec, ce dernier est découpé en briquettes faciles à empiler.

Il gèle ! Ici, au milieu du sel, des geysers, parmi les brumes, l'eau en ébullition dont les bulles éclatent en borborygmes inquiétants dans une atmosphère à l'oxygène raréfié. En plein désert, il gèle ! L'eau sent le soufre. Elle est à 40 °C alors que l'air est à – 10 °C. Il est 6 heures du matin et l'aube pointe à peine. Quelque part au Chili, à deux pas de la frontière bolivienne, à plus de 4 000 mètres d'altitude, c'est une autre planète. Une planète de sel et de soufre, aux couleurs inouïes, aux odeurs minérales, étranges, et aux bruits insolites qui ne ressemblent à rien de connu. Seul, dans une crevasse du sol emplie d'eau fumante, le voyageur, immergé jusqu'au nez, se délasse sous le regard incrédule d'un troupeau de vigognes, qui s'éloignent bientôt, indifférentes. Pour sortir de l'eau, il faudra attendre que l'atmosphère se réchauffe. Que le soleil se hisse de trois fois rien encore à l'horizon… Et alors ce sera la fournaise. Le voyageur ira quérir, non loin, les pommes de terre et les œufs mis à cuire dans une petite anfractuosité du sol où barbote une eau bouillante venue des entrailles de la terre. Puis, rejoignant une poignée d'autres hommes, il reprendra son cheval et poursuivra son chemin. Comme hier. Comme depuis des jours, comme depuis des semaines, il ira à travers l'Atacama salé, fabuleux désert comme il n'en existe nulle part au monde et que prolongent les hauts plateaux boliviens jusqu'à Uyuni.

DES MONTAGNES QUI GRANDISSENT ENCORE

Hérissés de volcans n'ayant jamais été nommés et dont les cratères, à demi éventrés, amplifient d'inquiétants roulements issus du ventre de la terre, nimbés de fumerolles à la forte odeur de soufre, blessés de lagunes rouges, vertes, blanches, ouvertes sur des sols de sel cristallisé mêlé de gypse, aveuglants au soleil et scintillants sous la lune comme une Voie lactée, ces paysages, irréels, sont encore inachevés. Car les montagnes, ici, continuent de s'élever sous des forces mystérieuses qui les poussent vers le ciel. Cette région de l'Atacama, située à cheval sur le nord-est du Chili et l'extrême sud de la Bolivie, est bordée, à l'ouest, par les cordillères andines occidentales et de Domeyko, et à l'est par les chaînes de Lipez et des Chichas. À plus de 4 000 mètres d'altitude, dans cette dépression cernée de volcans et jalonnée de bassins et de hauts plateaux gorgés de sel et de soufre, aux sources d'arsenic, gisent les immenses salines d'Atacama, au Chili, et d'Uyuni, en Bolivie, qui forment le plus grand désert salé du monde.

SALINES DE 70 MILLIONS D'ANNÉES

Tout ici a commencé bien avant la formidable poussée qui engendra la cordillère des Andes. La mer qui recouvrait cette zone de la planète, il y a quelque 70 millions d'années, y a déposé des sédiments à forte teneur en sel. À l'ère quaternaire, qui est toujours la nôtre et qui débuta il y a 50 millions d'années, les Andes se soulevèrent, laissant, entre leurs puissantes chaînes parallèles à la côte pacifique, une région moins élevée vers laquelle ruisselèrent toutes les pluies pendant des millions d'années. Torrentielles, ces eaux ravinèrent les montagnes environnantes, leur arrachant des sédiments de sel qui se déposèrent à leur pied. Une période de dix mille ans de sécheresse « évapora » le lac immense ainsi formé entre les hauts sommets volcaniques. Ce qu'il en reste, 70 mètres plus bas que son niveau initial, constitue les lagunes aux teintes féeriques, les immenses étendues marbrées, saupoudrées de sel, les pentes et les ravins scintillants parmi les soufrières et les immenses salines, toujours alimentées par les pluies, rares mais torrentielles, qui continuent d'y accumuler le sel arraché aux montagnes.

LAGUNES VERT JADE ET FLAMANTS ROSES

Sur plus de 160 000 kilomètres carrés s'enchaînent des paysages fantastiques que les auteurs de science-fiction situent sur de lointaines planètes aux confins de la galaxie. Telle la Vallée de la Lune, près de San Pedro de Atacama, au Chili, que les couchers de soleil enflamment et qui scintille comme un ciel étoilé lors des nuits de pleine lune. Tel El Tatio, ce plateau dont le champ de geysers de 10 à 20 mètres de haut est enveloppé de vapeurs. Tel le Salar de Chiguana, immense croûte de sel miroitant sous le soleil de feu. Et qui s'attendrait à découvrir, au cœur de l'immensité blanche, patinoire éblouissante des salines d'Atacama, des lagunes aux eaux de saphir au bord desquelles évoluent en ballets des millions de flamants roses ? Ils font le va-et-vient entre ces eaux douces et les lacs saturés de sel situés plus nord, en remontant vers la Bolivie. La Laguna Verde, par exemple, dont le calme miroir qui s'étend au pied du puissant Lincancabour passe du jade pâle, à l'aube, au vert émeraude à la fin du jour du fait de l'oxydation à la lumière des minéraux qui s'y trouvent. Plus loin, autour de la Laguna Salada, au nom évocateur, d'innombrables traces de sel, laissées par l'écume que les vents violents arrachent aux marais, dessinent à perte de vue sur le sol de curieuses marbrures. La plus spectaculaire entre toutes est encore la Laguna Colorada, qui s'étend sur près de 70 kilomètres carrés. Dans ce lac, d'une inoubliable couleur d'émeraude tels les « jardins » inclus dans les plus belles de ces pierres précieuses, se forment de longues aiguilles cristallisées dont les pointes, près des rives, semblent rouillées. La Laguna Colorada est sertie de flamants roses par centaines ! Petits flamants de James aux pattes rouges, grands flamants des Andes au plumage rose pâle et flamants chiliens d'un rose presque indien, aux pattes bleues, avancent à pas lents dans l'eau comme s'ils ne voulaient pas la troubler, piquant du bec çà et là, de temps à autre, quelque larve confite dans le sel. La variété de cet univers prépare-t-elle à l'éblouissement immaculé d'Uyuni ?

L'UNIVERS BLANC ET BLEU DU PLUS GRAND LAC SALÉ AU MONDE

Le Salar de Uyuni, 12 000 kilomètres carrés de salines éblouissantes à 3 650 mètres d'altitude. Une planète blanc et bleu d'où sont exclues, à une île près, toutes les autres couleurs. Comme un champ de neige, la surface aveuglante du lac s'étend sous un ciel uniformément bleu roi. Le climat, en cette saison d'hiver, de juin à septembre, y est froid et sec, ce qui rend la surface du *salar* poudreuse et scintillante. À la saison des pluies — l'été, qui va de décembre à mars inclus —, tout est blanc, cotonneux, comme les nuages se reflétant sur la boue salée qui, alors, forme le sol. Quel que soit le temps, sec ou mouillé, l'univers d'Uyuni est immaculé… à une île près, *la Isla del Pescado* (« l'Île du Poisson »), qui se dresse au beau milieu, avec son étrange forêt gris-vert de cierges gigantesques. Les colonnes cannelées de ces grands cactus, rongés du sel que déposent les vents, se parent après les pluies d'une éblouissante floraison de corolles délicates, jaune éclatant. Étrange, merveilleux paysage que forme ce gros bouquet posé sur son socle rocheux au milieu d'une patinoire géante ! De près, loin d'être aussi lisse qu'il y paraît, la surface est couverte de sortes de dalles plus ou moins géométriques aux ourlets boursouflés, comme un assemblage de peaux de mouton dont on aurait laissé la laine au niveau des coutures. Le sel, bien sûr, est récolté, comme l'indiquent les tas gigantesques qui s'alignent non loin d'un village, Colchani. Juste quelques maisonnettes d'adobe dont habitants, aux visages brûlés par le soleil et par le sel, peinent à cultiver leur arpent de *chuños,* minuscules pommes de terre, cuites, recuites au soleil des hauts plateaux, qu'ils foulent aux pieds après les gelées nocturnes, chaque matin pendant des semaines, afin de les attendrir… Comme leurs ancêtres Aymaras, ils vivent encore de l'élevage de quelques lamas et d'alpagas, dont ils boivent le lait, mangent la viande et tissent la laine, teinte de couleurs vives. S'ils doivent prendre l'eau douce à des sources volcaniques assez éloignées parfois, le sel de la terre, au moins, ne leur est pas compté. ■

Death Valley

Bleu acier, le chaos de rocs nus de la chaîne des Panamint. Brunes, veloutées, les Montagnes Noires, piquetées comme par un peintre pointilliste des flocons blancs des touffes de gui du désert. Entre les deux, mauve, argentée, étincelante, la Vallée de la Mort, en Californie. Au fond, la surface laiteuse, jaspée de myriades de cristaux blancs, éblouissants, du « Terrain de Golf du Diable ». Et le calme miroir saumâtre de Badwater où se reflète la cime enneigée de Telescope Peak. Dans les vibrations de l'air chauffé à blanc, les contours sont légèrement flous. Le ciel, comme plaqué sur le décor, est saturé jusqu'au magenta. Pas un seul nuage sur ces paysages de matin du monde que domine l'apocalypse de Zabriskie Point, dont les coulées de boue pétrifiées passent au fil des heures de l'or fin au platine et du cuivre rose aux rougeoiements démoniaques de l'enfer. C'est dans ce désert dont il tomba amoureux fou que le cinéaste italien Antonioni situa le film culte des années hippies, faisant de ses paysages lunaires, loin des mégapoles de la consommation, le symbole d'une pureté retrouvée.

La chaîne enneigée des monts Panamint se reflète dans les immenses lacs de sel de la Death Valley, la « Vallée de la Mort ».

Toutes les nuances du ciel se retrouvent dans les eaux saturées de sel de Badwater, vaste lac saumâtre dont le lit, situé à 86 mètres au-dessous du niveau de la mer, correspond au point le plus bas des Amériques. Dans ce lac — ce qui subsiste d'une immense mer intérieure qui emplissait toute la vallée il y a cinquante mille ans — vit un mollusque fossile unique au monde (ci-dessus).
Sur fond de Black Mountains, la croûte de sel curieusement découpée en dalles géométriques du Devil's Golf Course (ci-contre).

Scotty

Extravagant bâtisseur

Qui est Scotty ? Cet aventurier excentrique, personnage ambigu qui s'appelait Walter Scott comme l'écrivain écossais, fut l'instigateur de l'invraisemblable château mauresque qui se dresse au nord de la Vallée de la Mort, la partie la plus secrète de ce désert aux lacs de sel irisés. De ses origines, on ne sait rien. Il apparaît au tout début du XXe siècle, se disant promoteur d'exploitation minière et prospecteur d'or. En 1904, il entraîne sur les rives du Devil's Golf Course un timide mais riche assureur de Chicago du nom de Johnson, à qui il assure avoir trouvé un fantastique filon. Si son « investisseur » comprend très vite la supercherie, il tombe sous le charme de la féerique beauté de ce désert, et se lie d'une réelle amitié pour celui qui le lui a fait découvrir. Avec cet ami, Johnson y revient souvent, accompagné de son épouse à qui le climat sec convient à merveille. En 1922, il pose la première pierre de ce qui devait n'être qu'une modeste villa de vacances. Sur les conseils « avisés » de Scotty, celle-ci se mua en un pharaonique projet. Neuf ans et 2 millions de dollars plus tard, le château mauresque, simplement appelé « Ranch de la Vallée de la Mort », et sa piscine de 90 mètres de long étalaient leur splendeur incongrue au sein de ces paysages lunaires. On y mena grande vie. Pourtant, Scotty n'habita jamais cette somptueuse demeure, aujourd'hui rebaptisée de son nom. Il lui préféra une petite maison dans le ravin de Grapevine. Conformément à son souhait, il y fut enterré, en 1954, à côté de Windy, le chien fidèle des jours difficiles qui l'avait accompagné dans ses traversées du désert.

Bernard Martoia

Badwater et la chaîne des Panamint.

Death Valley

par Bernard Martoia

« Good bye, Death Valley ! » Avec quel soulagement l'épouse d'un des chercheurs d'or bloqués dans la fournaise de ce désert en 1849 n'avait-elle pas lancé cet ironique salut ! Depuis vingt-six jours, une poignée d'aventuriers, rongés par la soif, la faim et le scorbut, se terrait à l'ombre de quelques chariots en espérant une caravane de secours. Par miracle, cette dernière arriva. L'exclamation entra dans la légende, et la Vallée de la Mort eut un nom. Cette étroite bande désertique coincée entre la chaîne des Panamint et les monts de l'Amargosa fut décrétée monument national en 1933. Elle changea de statut en 1994 pour devenir parc national, le plus grand des États-Unis — hors Alaska — grâce à sa superficie de 13 628 kilomètres carrés. Située à cheval sur Californie et le Nevada, la Vallée de la Mort est accessible par des cols très pentus à l'ouest, par d'étroits canyons à l'est, par des champs de lave au nord-ouest, par un océan de dunes au nord et par le désert Mojave au sud… Que ce soit de Dante's View, austère belvédère de la bien nommée « chaîne des Funérailles », partie sud de l'Amargosa, ou du mythique Zabriskie Point, haut lieu de la rédemption hippie immortalisé dans les années 1970 par le film d'Antonioni qui porte son nom, le spectacle qu'offre la Vallée de la Mort est un hallucinant cataclysme minéral. Ses lacs de sel immaculés où les rayons solaires pianotent les irisations du prisme comptent parmi ses féeries.

PAS MÊME UN ÂNE ASSOIFFÉ NE VOULUT DE CETTE EAU-LÀ

Badwater, « Eau Mauvaise »… Le topographe de l'armée américaine qui, au XIXe siècle, baptisa le lac aujourd'hui connu sous ce nom s'était fié à son âne qui ne voulait point, malgré sa soif, y tremper le museau. Face à cette eau stagnante, qui repose sur 3 000 mètres de sédiments salés, personne ne serait tenté de vérifier le bien-fondé de cette appellation ! Badwater, lagune saumâtre située à 86 mètres au-dessous du niveau de la mer, est le point le plus bas des Amériques. C'est un immense bassin comblé d'alluvions arrachées aux puissantes chaînes Funeral et Panamint, qui l'enserrent à l'est et à l'ouest. Dans cette eau saturée de sel vivent les larves de mouches et de coléoptères dont se nourrit l'une des raretés de la planète, le *softbodied snail*, escargot à la coquille molle qui ne vit nulle part ailleurs. Badwater est un vestige du grand lac Manly, qui emplissait la Vallée de la Mort cinquante mille ans avant notre ère sur 150 kilomètres de long et 200 mètres de profondeur, ainsi qu'en témoigne Shoreline Butte. Ce monolithe de basalte, qui trône tout seul au beau milieu du bassin, est en effet marqué à quelque 15 mètres de son sommet d'une ligne horizontale, tracée par les vagues du lac, depuis longtemps évaporé, qui venaient s'y briser. À leur place, il ne reste au pied de ce rocher, 183 mètres plus bas, qu'une immense croûte blanche de sel. Cette dernière constitue un calme miroir où se reflète la cime, enneigée jusqu'au printemps, de Telescope Peak, point culminant des Panamint, à 3 369 mètres d'altitude. Cette chaîne bloque si bien l'air humide de l'océan Pacifique, tout proche, que la moyenne des pluies, abondantes de l'autre côté, ne dépasse guère 45 millimètres par an dans la Vallée de la Mort.

LE TERRAIN DE GOLF DU DIABLE

« Seul le diable pourrait jouer au golf sur une telle surface ! » Sous la plume de l'un des premiers écrivains-voyageurs de la Vallée de la Mort, cette phrase donna son nom au site : Devil's Golf Course, le « Terrain de Golf du Diable ». De loin, le sol ressemble à un champ fraîchement labouré, saupoudré de neige ou marbré de l'écume que laisse la mer lorsque les vagues sont mauvaises. En fait, tout n'est que sel ! Avec la pression qui propulse celui-ci en surface dans l'accablante chaleur estivale, la croûte se boursoufle, se fendille, dessinant à perte de vue des polygones de 10 à 20 centimètres de côté, parfaitement plans et d'une blancheur éblouissante. C'est du chlorure de sodium — du sel de table — à l'état pur ! Marcher dessus est un exercice périlleux : le sol cède sous le pied, qui ne trouve nul endroit stable où se poser parmi champignons, crêtes dentelées coupantes, cratères et crevasses. Un sentiment d'impuissance, voire même de détresse, s'abat sur l'intrépide voyageur, qui n'a alors plus qu'une idée : sortir de ce piège diabolique. Car c'est bien un piège, que ce « terrain de golf » où, dès le printemps, se déclenche un mécanisme pervers. Les masses d'air humide et froid dévalent la *sierra* Nevada voisine, entrent en contact avec l'air sec et chaud qui remonte du désert Mojave voisin, et de petites tornades blanches se forment à la surface du lac. Elles amorcent l'installation de la forge, qui s'emballe en été lorsque la température devient folle. Cette dernière dépasse généralement 50 °C, avec un maximum en 1913 à 56,7 °C, record mondial, battu de 1 °C seulement en 1922 en Libye, à Al-'Aziziyah. C'est à leur altitude négative que ces lieux infernaux doivent ce réjouissant microclimat, car l'air chaud refoulé vers le bas par les hautes cimes environnantes se compresse dans ce « puits naturel » d'où il ne peut s'évacuer.

Lever de lune sur les Black Mountains, qui dominent la Vallée de la Mort. Dans ce lieu mythique, le cinéaste Antonioni situa les scènes principales de *Zabriskie Point*, film culte des années 1970.

L'OR BLANC DE L'AVENTURIER FRANÇAIS

Autre grand lac salé de la Vallée de la Mort, Upper Bassin, au nord de Furnace Creek. Un aventurier français du nom d'Isidore Daunet y découvrit en 1875, sur la rive est, un gisement de borax. Exalté par sa trouvaille, moins noble que certaines autres matières premières, mais aux nombreuses applications industrielles, il fonda pour l'exploiter la compagnie Harmony, que les moyens matériels mis en place firent entrer dans la légende de l'Ouest sous le surnom de Twenty Mule Team. Un attelage de vingt mulets, en effet, acheminait le borax de son lieu d'extraction jusqu'à la gare de Mojave, à 264 kilomètres de là. Le convoi, formé de deux chariots et d'un wagon-citerne pour abreuver les bêtes durant leurs dix jours de traversée du désert, pesait 36 tonnes. Chaque roue, de 2,20 mètres de diamètre, pesait 250 kilos… Ce convoi est aujourd'hui exposé sur les lieux de l'exploitation.

FRÉTILLANT COMME UN POISSON DANS LE SEL

Au nord de la Vallée de la Mort s'étend Salt Creek, une rivière — ou plus précisément son lit — d'une dizaine de kilomètres de long, presque à sec toute l'année et qui finit par se perdre dans une dépression où stagne un marais salant bien peu engageant. À tort ! Car dans ses eaux saumâtres se cache un trésor unique au monde : le *pupfish.* Pas plus gros que le pouce, le survivant du lac Manly vit dans ce chaudron du diable où le degré de salinité est, en hiver, trois fois supérieur à celui de la mer et, en été, lorsque l'évaporation est intense, jusqu'à cinq fois supérieur. Certains de ces « poissons freluquets » ont même été décelés dans une source d'eau chaude. Les reins du *pupfish,* à la différence de ceux des autres poissons, sont conçus pour éliminer sans mal la phénoménale concentration de sel qu'il ingère. L'hiver, lorsque le temps fraîchit, que la température descend aux alentours de 25 °C, il s'enfonce dans la vase salée, comme en été, lorsqu'il ne reste plus que cela dans la mare où il évoluait. Malheureusement, le *pupfish* est alors une proie facile pour les corbeaux qui, de toute évidence, en raffolent. Ils repèrent le petit poisson à la boursouflure qu'il forme en surface, et n'ont plus qu'à jouer du bec.

PENDANT MILLE ANS, CE TERRITOIRE FUT CELUI DES SHOSHONES

En amont de Salt Creek, une étrange végétation a réussi à prendre racine. Aucune plante ne survivant dans un sol dont la salinité excède 7 pour cent, rien ne pousse au bas de la cuvette de la Death Valley. En amont de Salt Creek, en revanche, s'étend un paysage bucolique parsemé de ce que l'on prend d'abord pour des meules de foin. C'est le Devil's Cornfield, « Champ de Blé du Diable ». Encore lui… À juste titre, d'ailleurs, car l'approche révèle une folie : des buissons espacés les uns des autres, chacun d'eux perché au sommet d'une formidable butte. En fait, pour empêcher le vent d'emporter le sol dans lequel ils sont enracinés, leurs racines se sont torsadées de manière à former un inextricable fortin protecteur. C'est avec le bois de ces buissons, dits *arroweed,* que les Shoshones faisaient leurs flèches.

Avant d'être chassés par les colons, au XIXe siècle, les Indiens shoshones s'étaient en effet accommodés de ce que leur apportait cette vallée hostile, qu'ils habitaient depuis mille ans. Avec les flèches du bois d'*arroweed,* souple et solide, ils chassaient lapins, chèvres et lézards. L'art de la poterie, dans lequel ils excellaient, leur permettait de conserver les graines de *mesquite,* aussi indispensables à leur survie que les racines diverses qu'ils broyaient entre des pierres pour en faire de la farine. Ils quittaient chaque année leur vallée au printemps pour passer les fortes chaleurs dans les Panamint, où ils trouvaient sources potables et fraîcheur. Longtemps éloignés de ce désert, leur territoire ancestral, les Shoshones sont de nouveau impliqués dans sa gestion écologique depuis 1983, date de leur reconnaissance officielle par le gouvernement des États-Unis comme tribu native d'Amérique…

SAUTER, DANSER… POUR ÉVITER LE SOL BRÛLANT

Malgré la chaleur, plus de cent cinquante espèces animales se partagent l'inhospitalière Vallée de la Mort et les abords de ses lacs salés. C'est le cas, par exemple, du rat kangourou (ainsi nommé parce qu'il se déplace en sautant), qui se nourrit des graines d'*arroweed* et de quelques graminées. C'est un avare, il faut le dire ! Ces graines suffisent à lui apporter l'eau dont son organisme a besoin. Il reste toute la journée calfeutré dans son terrier, dont il bouche méticuleusement toutes les issues pour empêcher la chaleur et les serpents d'entrer. Et où ses membranes nasales recyclent le peu d'humidité de l'air exhalé par sa respiration. Malgré les précautions qu'il prend, il est parfois surpris dans son gîte par le serpent à sonnette qui, lui, tire l'humidité qu'il lui faut de sa proie. Il s'installe en outre dans le trou désormais vide de sa victime, où il reste enfoui, la panse pleine, jusqu'à ce que la température du sol redevienne supportable. Dans la journée, l'été, cette dernière avoisine les 90 °C. Alors, lorsqu'il est contraint de l'affronter, le serpent à sonnette se propulse en exécutant des séries de loopings qui ressemblent à une espèce de danse. Ce mode de locomotion lui vaut le nom de *sidewinder,* dont la traduction serait « celui qui s'évente par le côté ».

MYSTÉRIEUX CURLING DES VENTS

Dans la région la plus sauvage, la plus secrète, de la Vallée de la Mort gît un mystère : le Race Track, lac salé situé au pied du pic Uhebebe et qui ressemble à une parfaite piste de curling. En guise de boules de bois, ce sont de grosses pierres qui glissent sur la surface parfaitement plane. Nul n'a jamais pu observer leurs glissades, mais le fait est qu'elles changent de place, laissant derrière elles, sur la croûte de sel, de longues traînées bien marquées. Ce phénomène se produit probablement lorsque la surface salée, glissante comme une savonnette après les orages d'été, est balayée par le vent qui s'engouffre à 110 kilomètres à l'heure dans la vallée. Ce vent, en bordure ouest de la Vallée de la Mort, est devenu une terrible nuisance, et cela parce que la ville de Los Angeles, au début du XXe siècle, imposa aux régions alentour un contrat léonin, aujourd'hui contesté, qui lui arrogeait l'exclusivité de toutes les sources qui, antérieurement, alimentaient l'immense lac d'Owens situé au pied la *sierra* Nevada. Un canal de 400 kilomètres fut construit à travers le désert Mojave pour alimenter la métropole californienne en eau potable. Dix ans plus tard, les 160 kilomètres carrés du lac étaient à sec. Depuis, lorsque le vent balaye la cuvette et soulève la poussière salée, il forme un nuage rouge qui obscurcit complètement le ciel. Cette coloration céleste anormale est due à la suspension dans l'atmosphère d'une bactérie très friande de sel, *Halobacteria.* Au couchant, le spectre d'un volcan en éruption dans cette zone couverte de lave que les *conquistadores* appelèrent Malpais (« Mauvais Pays ») hante les esprits. ■

Déserts de sel à Djibouti

Des paysages d'astre mort et des lacs de sel comme des champs de neige, étincelants de milliards de cristaux sous un soleil implacable. Et, dans cet éblouissement, d'étranges aiguilles sculptées, telles des colonnes baroques, pointent vers le ciel leurs silhouettes de 10, de 20 ou de 30 mètres de haut, jaillies du sol, poussées par les fumerolles dont certaines s'enveloppent encore. Alentour, ce ne sont que déserts d'herbe rase, ergs à sec, lits de caillasse noire, rouge, grise, immensités de laves torturées, coupantes, difficiles à franchir, et profonds défilés entre falaises de basalte. Dans la Corne de l'Afrique, les Afars nomades de Djibouti mènent leurs chameaux pendant des jours à travers ces étendues désolées pour aller quérir le sel, précieuse denrée dont manquent les Éthiopiens voisins, qui, eux, cultivent le grain. Ainsi s'échange, depuis la nuit des temps, le sel de la terre contre le pain de la vie.

Il faut des jours aux caravanes du sel de Djibouti pour traverser les étendues désertiques qui mènent aux lacs où ils récoltent les précieux cristaux blancs.

Le lac Assal s'étend dans une immense cuvette située à 160 mètres au-dessous du niveau de la mer, où la chaleur estivale approche les 50 °C et où la salinité de l'eau, concentrée par évaporation, atteint plus de 300 grammes par litre. Il n'y a ici ni végétaux ni animaux, et les hommes ne viennent que pour récolter le sel (ci-contre). Ce dernier forme dans l'eau de bien curieuses concrétions, semblables à des sculptures de glace (ci-dessus).

À peine arrivés, les caravaniers commencent la récolte. Ils s'escriment sur la croûte de sel du lac, dont ils cassent la surface à grands coups de bâton, puis ils la raclent pour rassembler en gros tas l'épaisse bouillie qu'ils sont parvenus à arracher. Il ne faudra plus alors que quelques jours pour le séchage.

Déserts de sel à Djibouti

par Roger Cans

De gigantesques concrétions calcaires ont formé d'étranges cheminées tourmentées, qui se sont peu à peu empâtées là où le lac Abhé, en s'évaporant, a créé ces paysages lunaires (ci-dessus). C'est à l'aide de calebasses que les hommes raclent sur la croûte de sel que se fait la récolte (à droite).

Chaque hiver, à Djibouti, les caravanes du sel traversent les étendues arides du pays pour gagner les lacs, où elles prélèvent les cristaux blancs qu'elles vont ensuite échanger, sur les plateaux d'Éthiopie, contre la *doura,* variété de sorgho très prisée dans la Corne de l'Afrique. Le sel de ses deux grands lac, Abhé et Assal, est en effet l'une des richesses de cette petite République, ancien « confetti de l'Empire » français, dont le territoire de 23 000 kilomètres carrés s'étend là où l'Afrique étranglée, face au Yémen, laisse le passage à la mer Rouge. Les Afars, peuple nomade qui partage le pays avec les Issas, plus sédentaires, se sont fait une spécialité de ce commerce frontalier.

UN LAC SALÉ OÙ HIVERNENT DES IBIS ROSES

Une piste poussiéreuse au milieu d'une steppe aride, cernée de reliefs tourmentés qui ondoient dans la chaleur. Et pas âme qui vive, apparemment, dans ce pays désolé où ne survivent que les derniers nomades afars et leurs maigres troupeaux. Pas trace, en tout cas, de *daboïtas,* ces huttes en peaux de chèvre et en branchages entrelacés qu'ils installent sitôt trouvée une « pâture », et qu'ils remportent ensuite sur le dos de leurs chameaux.

Il faut avoir l'œil d'un guide afar pour distinguer, dans ce décor uniformément gris de la steppe, la tache noire de l'autruche en fuite. C'est l'un des rares animaux, avec le chacal, capable de survivre dans cette steppe surchauffée, y compris au soleil d'hiver. Mais le chacal, lui, on ne le voit jamais car il ne sort que la nuit pour chasser gerboises et autres petits rongeurs.

Après l'infinie monotonie de la steppe surgit un invraisemblable chaos volcanique, qui forme écrin à une immense flaque d'eau, le lac Abhé, situé à cheval sur la frontière entre l'Éthiopie et Djibouti. Comme la mer d'Aral ou le lac Tchad, c'est un plan d'eau en sursis. En soixante ans, en effet, il a perdu 66 pour cent de sa surface, et il est si concentré que ses eaux, aujourd'hui, atteignent une salinité de 170 grammes par litre. La mer Rouge toute proche, quant à elle, n'atteint pas 44 grammes par litre… En se retirant, le lac Abhé a laissé à sec d'étranges cheminées, incroyables aiguilles dont les formes torturées se dressent au milieu du désert. Malgré leur apparence, ce ne sont pas des statues de sel, mais des concrétions de travertin, un calcaire, cristallisé par les fuites de vapeurs sulfureuses venues des profondeurs de la terre. Surgies du sol, elles forment d'abord de minuscules petits tas, puis des stalagmites, et elles finissent par s'élever en colonnes grotesques — au sens baroque du terme — jusqu'à former des aiguilles de plusieurs dizaines de mètres de haut… dont certaines fument encore.

Dans ce décor lunaire, étrangement, grouille la vie. Au milieu du lac, en effet, émergent des langues de terre à fleur d'eau qui servent de refuge aux oiseaux migrateurs. Venus des deltas du Rhône, du Danube ou du Nil, où ils passent l'été, une importante colonie de flamants roses, quelques ibis du Nil et des spécimens de l'espèce très menacée des pélicans blancs hivernent au bord de cette étendue humide, où ils trouvent chaleur et pitance. Ils boudent, en revanche, l'autre lac. Niché dans un vertigineux chaos de laves situé 160 mètres plus bas que le niveau de la mer, le lac Assal n'est accessible qu'après plusieurs jours de marche dans la pierraille. Pour l'atteindre, il faut se joindre aux derniers exploitants nomades du sel.

DANS LA BRUME, UNE FORÊT FOSSILE

Point de départ de la caravane : Dittilou, village sis dans de verdoyantes montagnes qui bénéficient des pluies de la mousson. Autour, une petite jungle peuplée de papillons et d'oiseaux colorés. Et dans la région proche, sur le plateau qui culmine à plus de 1 400 mètres d'altitude, s'étend une zone noyée de brume et peuplée de silhouettes fantomatiques. Ce sont des arbres ! Ceux de la forêt du Day, des genévriers de l'espèce *Juniperus procera,* qui atteignent tout de même la taille et l'âge des vieux chênes d'Europe. Présence incongrue que cette forêt relique dont les jours sont comptés, car il y a des lustres que ces arbres ne se reproduisent plus. Pris entre les sols pâturés et « surpâturés », où ne pousse plus qu'une herbe rare, et l'étouffement des figuiers étrangleurs, ces pieuvres végétales qui les serrent dans une étreinte mortelle comme elles le font des temples d'Angkor et des pyramides mayas, les troncs gris dressent vers le ciel les bras nus de leur désespérance. En vain. C'est en vain également que les acacias tentent de coloniser la pierraille des collines qui s'étendent alentour et où quelques bouquets rabougris et de maigres buissons de tamaris épars s'espacent… finissant par laisser la place à un décor identique au djebel méditerranéen traditionnel, où le soleil a desséché la broussaille et chauffe les pierres.

AINSI VA LE RYTHME DES CARAVANES DU SEL...

Au creux d'un oued à sec, la caravane fait halte. Les chameaux sont libérés de leur charge mais entravés afin de paître sans disparaître. Deux petits cabris avaient suivi la troupe en laisse. Ils passent à la broche, sous l'œil intéressé des vautours percnoptères, perchés à distance dans les acacias. Aux heures les plus chaudes, hommes et bêtes sommeillent, pour reprendre leur marche lorsque le soleil aura amorcé sa descente vers l'horizon. Ils s'enfoncent dans le relief en suivant le lit de l'oued, dans la poussière et les galets ronds. Un cheminement pénible jusqu'au bivouac du soir, près d'un puits sommaire où gît un fond d'eau potable. Les hommes se serrent autour du feu sous le ciel scintillant d'étoiles mais, leur repas pris, très vite la fatigue du jour et la rosée du soir les chassent vers les acacias nains, où ils s'allongent, emmitouflés pour la nuit froide du désert. Ils sombrent alors dans un sommeil réparateur que ne trouble même pas les gargouillements sonores des chameaux, dont le larynx est doté d'une membrane enveloppante et... vibrante.

La nuit sera courte car, pour profiter de la fraîcheur de l'obscurité, c'est par un beau clair de lune, à 5 h 30 du matin, que la caravane silencieuse s'ébranle de nouveau. Sur le bord de la piste, de loin en loin gisent de grands fûts vides. Ce sont des réservoirs de 200 litres, disposés pour recueillir l'eau des pluies, aussi rares que fantasques, ou celles, qui ne le sont pas moins, laissées par des camions-citernes à l'intention des voyageurs en difficulté. Soudain, venant à notre rencontre, des silhouettes se profilent. C'est une caravane qui revient d'Éthiopie, avec ses sacs de *doura,* sorgho dont on fera les galettes, base de l'alimentation. Les hommes se saluent mais se parlent à peine, occupés à mâcher leur boulette de *khat,* cette feuille fraîche hallucinogène cueillie chaque jour dans les montagnes d'Éthiopie et du Yémen.

À L'HORIZON, TOUT BLANC, LE LAC ASSAL

La marche se poursuit dans un paysage minéral, où ne survivent que quelques acacias à la forme torturée. Bientôt, d'un sommet, on aperçoit au loin une immense étendue d'une blancheur étincelante. Champ de neige ? Non. C'est le lac Assal. On le voit, mais il est si loin qu'il faudra plus de deux jours encore pour l'atteindre. Et, pour l'heure, une température de 32 °C invite à la halte et à la recherche de l'ombre. Mais il n'y en qu'une : celle d'un petit acacia en corolle qui tamise à peine l'ardeur du soleil. Bénie soit cette saison hivernale, car au cœur de l'été on frôle ici les 50 °C.

La piste s'enfonce maintenant dans d'étranges défilés, entre des falaises de basalte sillonnées de traces de cascades aujourd'hui à sec. Au-delà, plus aucune végétation. Rien si ce n'est un immense champ de pierraille noire, rouge ou grise. On ne peut s'écarter du sentier, un lit de cailloux usés, tant le terrain est jonché de débris de lave. Et c'est au pied d'une montagne de basalte que l'on fait halte, encore, dans un oued à sec, à peine garni d'un bouquet d'acacias et de rares palmiers. L'altitude ici est de 40 mètres. Les caravaniers sont musulmans. L'un d'eux sort une minuscule bouilloire, qui passe de main en main et où chacun prend quelques gouttes d'eau purificatrice pour les ablutions rituelles. Puis tous se tournent vers La Mecque et s'agenouillent. Front dans la poussière, ils prient. Les chameaux, entravés, s'égaillent parmi les acacias, dont ils broutent avec flegme les longues épines. Ils les rumineront pendant toute la nuit.

Comme ailleurs, le désert est vivant. Ici, trois gazelles girafes, avec une grâce extrême et des bonds prodigieux, se lancent dans une course d'obstacles. Là, c'est un *soui manga* du Nil qui saute de branche en branche dans un arbre squelettique, dont on se demande comment il procure à l'oiseau minuscule le nectar de fleur dont il se nourrit. Plus loin encore, un troupeau de chamelles avec leurs petits erre librement, sans maître, en apparence du moins car les hommes du désert reconnaissent leurs bêtes, qu'ils laissent vaquer à leur guise, ne prélevant des troupeaux que les mâles comme animaux de bât. Il y a aussi des traces des vies éteintes. Le crâne d'un petit *dorkas,* frêle gazelle aux cornes noires acérées, résume l'issue d'un drame, tout comme ce squelette de chameau, éclatant de blancheur, gisant sur son lit de basalte noir. Partout, des traces, des petits fossiles et les restes de cette agitation magmatique qui, hier, l'an passé ou il y a un siècle, a bouleversé l'aspect du terrain. En terre volcanique, toute lave, toute concrétion si petite soit-elle relate une histoire qui se lit comme un livre ouvert.

ÉBLOUISSANTE ET SURRÉALISTE : LA BANQUISE DU DÉSERT

Ultime escalade dans ce paysage digne d'un film de science-fiction, et la caravane débouche sur... la banquise ! Oui, comme une banquise en plein désert, le lac solidifié scintille de milliards de cristaux sous le soleil éblouissant. Ils forment une épaisse croûte de sel, un manteau grumeleux et rêche, troué de poches d'eau mais auquel il est dangereux de se frotter car les cristaux coupent et provoquent des blessures qui, au lieu de cicatriser, se creusent. Au-delà de cette croûte s'étend l'eau libre, qui clapote doucement contre la banquise de sel qui la domine. Son taux de salinité, de plus de 300 grammes par litre, interdit la survie de tout être. Et les insectes malheureux qui ont ici fait naufrage ont été enrobés d'une gangue de sel cristallisé. À grands coups de bâton, les caravaniers brisent autour d'eux la croûte superficielle de ce sel, qui forme une sorte de bouillie épaisse. Ils la recueillent à l'aide de boîtes de conserve aplaties et la disposent en tas réguliers qu'ils laissent sécher au soleil. L'évaporation est rapide, et le processus accéléré. Lorsque les cristaux sont assez déshydratés, ce sel grossier est enfourné dans des sacs de jute de 20 kilos et hissé sur le dos des chameaux. Bientôt, les bêtes s'ébranlent d'un pas lent, souple, lourd. Et en six jours de marche, les nomades afars seront enfin sur les plateaux éthiopiens, où ils échangeront le sel contre le sorgho. C'est ainsi que les hommes du désert et de l'islam troquent le sel de la terre contre le pain de la vie, qu'ils feront avec le grain des chrétiens qui habitent en haut, sur la montagne fertile. ■

DÉSERTS VÉGÉTAUX

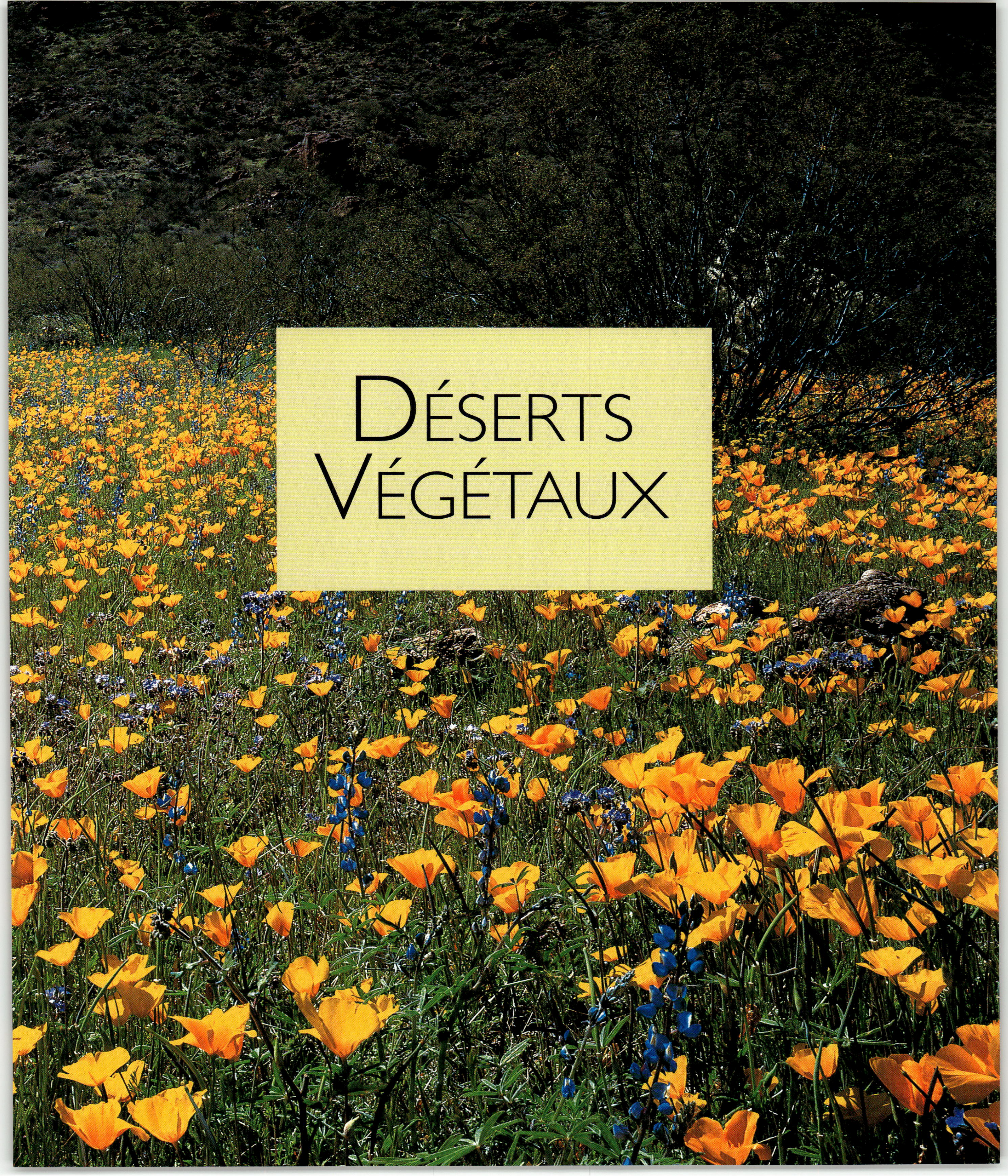

Désert de Sonora

Un étrange jardin, comme à l'aube du monde. Inextricable enchaînement de monts et de vallées aux reliefs chaotiques nés des caprices d'anciens volcans et remodelés par les soubresauts de la terre, le désert de Sonora n'est qu'un entrelacs végétal sans fin, unissant dans un même décor le Mexique aux États-Unis. C'est un éblouissant manteau de plantes aux silhouettes monstrueuses bardées de bras et d'épines. Peuple immobile, impressionnant, dont les individus s'associent ou s'entretuent sous le soleil de feu pour la moindre goutte d'eau, rivalisent d'astuce avec les animaux auxquels ils sont alliés et déploient, pour survivre, une ingéniosité folle. Certains sont filiformes, d'autres pèsent des tonnes. Tous sont prodigieux. Sur eux règne le *saguaro,* dont la découpe en chandelier fait partie de la légende de l'Ouest et de l'écu emblématique de l'Arizona. Superbe dans la lumière du matin qui sculpte ses cannelures, il s'aplatit sur le ciel blême de midi qui, effaçant dimensions et reliefs, transforme les montagnes en un décor calciné qu'aurait bombardé une pluie de météores. Dans l'emphase pourpre du couchant saluée par l'aboiement de quelques coyotes, le cactus géant retrouve son aura mythique.

Emblème du désert de Sonora et de l'État d'Arizona dans lequel il s'étend, le *saguaro (Carnegia gigantea)* est l'arbre nourricier d'innombrables animaux.

À la moindre pluie, les buissons gris et secs retrouvent leur verdeur et s'épanouissent en une floraison éphémère. Les buissons bas de *mesquite (Posopis juliflora)*, d'*ocotillo (Fouquiera splendens)* et les bien nommés *teddy bears,* aux allures de peluches, voisinent vaille que vaille, prudemment éloignés des touffes de créosote *(Carrea tridentata)*. Quant au *saguaro,* il développe une tige unique de 2 à 3 mètres de haut avant de voir apparaître ses premières branches. Bec en l'air et toujours pressé, le coucou dit *roadrunner* court dans ce fouillis végétal.

Pages suivantes : les monts Tucson et Santa Catalina, entre autres montagnes, dominent le désert de Sonora.

Désert de Sonora

par Bernard Martoia

Quand les *conquistadores* pénétrèrent en Arizona à la recherche de sept cités qui, prétendument, regorgeaient d'or, Francisco Vazquez de Coronado et ses trois cent trente-six soldats (accompagnés de mille cinq cents chevaux et mules destinés au transport du précieux métal) ne trouvèrent qu'une étrange forêt de chandeliers géants. En cet an de grâce 1540, ils venaient de « découvrir » le désert de Sonora et ses trésors, verts et bien réels ceux-là, dont les Tohono O'odham — des Indiens qu'ils affublèrent du nom de Papagos — tiraient depuis des siècles leur subsistance.

Cet immense désert de 300 000 kilomètres carrés, coupé par la frontière du Mexique, s'étend pour les deux tiers sur ce pays, où il englobe la péninsule de Basse-Californie, et pour le tiers restant sur le sud des États-Unis, où il occupe tout l'Arizona méridional, se poursuivant jusqu'à la mer de Salton, dans l'Impérial Valley californienne. C'est un fabuleux chaos de chaînes de montagnes comme lancées en travers de vallées ennoyées dans un océan végétal dont les vagues grimpent, par endroits, jusqu'à mi-pente. Une marée verte dont les fabuleuses richesses comptent plus de deux mille cinq cents espèces de plantes. Et largement autant de variétés animales… Mais que l'on ne s'y trompe pas : la fascinante beauté de ce désert de Sonora est inséparable, indissociable même, de son caractère impitoyable. Et son peuple immobile, grouillant de vie dissimulée, pour être somptueux, étrange et fascinant, ne compose jamais de paysages rassurants.

LA LOI DU DÉSERT VIVANT

Le mirage des panoramas qui dansent et se télescopent donne ici au marcheur l'étrange sensation de flotter dans ce qui pourrait être de l'ouate. Le chant des oiseaux, qui émerveillait à l'aube, s'est tu. Il plane maintenant un silence de mort. Dans l'air chauffé à blanc de cette immense solitude, le moindre bruit claque aux oreilles comme des silex que l'on battrait tout près. Un caillou déplacé qui roule sur une pierre ou le grelot d'un serpent à sonnette dérangé dans sa sieste prennent une ampleur sonore insoupçonnable ailleurs. Le tonnerre des tempêtes magnétiques qui y explosent parfois, et dont l'écho roule de vallée en vallée, gronde comme les chocs monstrueux de rochers titanesques qui rebondiraient dans le lit vertigineux d'un torrent. Mais des torrents, il n'y en a point ! Ils passent sous le désert de Sonora, comme la rivière Gila, dont le cours souterrain va se jeter dans le Colorado. L'espacement des sources dicte la longueur des étapes, car l'eau est ici la survie du voyageur. Ce dernier n'a pas droit à l'erreur par des températures estivales approchant les 50 °C, qui l'obligent à boire de 8 à 10 litres dans la journée pour parcourir quelque 30 kilomètres. Privé d'eau, il survivra pendant 48 heures au repos, un temps à réduire des deux tiers s'il marche de jour, et de moitié s'il se déplace de nuit. Mais, de nuit, les rencontres sont innombrables, et bien souvent mauvaises. Car, assoupie tout le jour, la nature en fête célèbre dès le crépuscule la loi du ventre. La chasse est ouverte à tout va. Serpents, jaguars, coyotes, chats sauvages et autres splendides prédateurs qui hantent le désert de Sonora sont au rendez-vous, de même que les rongeurs, les reptiles et les oiseaux. Mais, de nuit comme de jour, le profil du *saguaro* qui se dresse de loin en loin, tour de guet et sentinelle à la fois, est une présence sur le chemin de l'homme solitaire.

UN GÉANT NOURRICIER AU PIED D'ARGILE

Avec ses 15 à 17 mètres de haut, le *saguaro* — *Carnegia gigantea* de son nom scientifique — est le plus grand cactus de la planète. Le plus gros aussi car, adulte, il dépasse parfois les 10 tonnes. Sa croissance est lente. Jeune, il ressemble à l'un de ses voisins, le *barrel cactus* (« cactus tonneau ») qui, lui, ne dépasse pas 3 mètres de haut et qui, en grandissant, s'incline vers le sud-ouest, si bien que les silhouettes côte à côte de ces deux cactus rappellent celles de Laurel et Hardy. Le *saguaro* fleurit à cinquante ans, émet ses premiers bras à cent ans et vit en moyenne jusqu'à l'âge de deux cents ans, certains sujets atteignant trois cents ans. Mais c'est un géant au pied d'argile. S'il a la malchance de s'être installé sur des alluvions, le vent peut, après de fortes pluies qui ramollissent sa base, le renverser comme une quille. Vulnérable au froid, il ne survit pas à un gel prolongé de plus de 24 heures. Mais il est en revanche capable de prouesses ! Le temps d'un seul gros orage d'été, il absorbe des centaines de litres d'eau, laquelle constitue d'ailleurs les quatre cinquièmes de son poids. Grâce à un système de « tuyauterie » qui communique directement avec ses racines, vers lesquelles les cannelures de ses tiges, formant gouttières, drainent la pluie, il pompe littéralement l'eau du ciel, gorgeant sa structure en accordéon comme une éponge. Ensuite, il gère ce précieux réservoir sans en perdre une goutte grâce à l'étanchéité de sa peau cireuse, dont il ferme les pores à volonté.

DES ORGIES DE FRUITS SAUVAGES

Blanches et délicates, les fleurs de ce monstre s'épanouissent après la survenue, aléatoire, de l'une de ces belles averses et restent ouvertes jusqu'à leur fécondation, par l'entremise d'une colombe. Cela ne dure guère plus de vingt-quatre à trente-six heures. Ensuite, elles se referment, se fanent et, quelques semaines plus tard, donnent naissance à des tonnes de fruits semblables à de grosses figues et dont raffolent autant les animaux que les hommes. Oiseaux et rongeurs en font de joyeux festins, tandis que le pécari s'en empiffre, en solitaire. Quant aux hommes — les Tohono O'odham descendant des Papagos

C'est après les pluies de printemps, en avril et en mai surtout, que s'épanouissent les délicates fleurs blanches à cœur jaune des *Trichocereus*, cactus bardés d'épines.

Un irréductible, ce figuier de Barbarie, dont les feuilles coriaces résistent aux plus fortes chaleurs. Les épines qui hérissent ces « raquettes » empêchent les animaux de dévorer leurs tendres tissus gorgés de sève (ci-contre). Chercheurs d'or et mineurs occasionnels habitent les *pueblos* de cet immense désert (ci-dessous).

de l'époque espagnole, qui vivent dans les agglomérations de cette immense région désertique —, ils les récoltent et en font des confitures au fort pouvoir nutritif, ou les mettent à fermenter pour élaborer un alcool. « Arbre » nourricier sans lequel la vie animale ne serait pas ce qu'elle est dans le désert de Sonora, le *saguaro* offre aussi le gîte à qui possède un bec assez dur ou des dents assez tranchantes pour s'y tailler un trou. Ainsi abrite-t-il, hors de portée des prédateurs du sol, de nombreux oiseaux dans la partie supérieure de son tronc et de ses bras. La colombe pollinisatrice y niche, attendant à demeure la maturation des fruits dont elle se gave, puis va essaimer par monts et par vaux les graines qu'elle ne digère jamais. Tête en bas, le *Gila woodpecker* (« pic de Gila ») y découpe rapidement un nid confortable, vite abandonné pour un autre et immédiatement investi par des oiseaux au bec moins vigoureux et qui profitent de l'aubaine, comme la petite chouette *elf owl* et l'oiseau troglodyte, appelé *cactus wren,* mascotte de l'État d'Arizona.

DES CRÉATURES SURRÉALISTES

Au pied des géants, dans ce fouillis végétal, chacun possède son système de survie. Tandis que le *mesquite* enfonce ses racines à 20 mètres dans le sol pour s'assurer bonne prise et humidité avant de pointer à l'air libre le moindre bout de tige, l'*ocotillo,* dès qu'il pleut, couvre en quelques heures ses tiges filiformes de feuilles vert tendre, dont il se défait aussi vite dès l'humidité absorbée. Dans ce monde étrange, les animaux ne sont pas de reste. Ainsi le *kangaroo rat,* qui se déplace en bonds prodigieux comme s'il volait, ne boit jamais et, dans le milieu clos de son terrier, recycle sa respiration. Le *roadrunner,* coucou « coureur des grands chemins », lui, n'utilise pas ses ailes pour voler puisqu'il court, mais comme « réacteurs » pour accentuer sa vitesse tandis que sa queue lui sert de dérive. Quant au *Gila monster* (« monstre de Gila »), très lent varan de poche tout droit sorti de la préhistoire, qui compte parmi les deux seuls lézards venimeux de Sonora et dont la formidable mâchoire ne lâche jamais prise, il n'a ni rectum ni anus. Tout ce qu'il avale est recyclé, en économie fermée, par son organisme. Tant de rongeurs, de reptiles et d'insectes aux particularités invraisemblables grouillent dans ce désert si vivant où chacun, proie de l'un, trouve en l'autre sa nourriture ! Beaucoup d'entre eux apaisent la faim du jaguar et celle de quelques rarissimes ocelots, dont la seule bizarrerie réside dans la beauté de leur robe tachetée et la souple élégance de leur allure. Présences mystérieuses, redoutables, fragiles face aux armes des hommes, ces grands félins nimbent de noblesse le désert vivant de Sonora, dont la rare floraison est un parfait éblouissement. La magie de cette fête sauvage. ■

Désert Mojave

Univers mythique que celui du désert Mojave dans le Sud californien ! Immense fournaise léchée par des vents violents, c'est un monde terrible et mystérieux, où sont nées les légendes de l'Ouest lointain. Dans ses collines de pierrailles grises où gîte le serpent à sonnette et où prolifèrent des plantes assassines errent les fantômes indécis des cohortes de chercheurs d'or qui s'y sont fourvoyés. Sur les buttes rouges qui dominent des plaines infinies où trottine le coyote se profilent l'ombre de chevauchées fantastiques et les silhouettes bottées et chapeautées d'aventuriers, sans foi ni loi mais plus coriaces encore que ces terres hostiles où ils savaient survivre. Tordus dans de mystérieuses souffrances, de grands yuccas y rappellent l'infernale traversée des pionniers qui, bible sous le bras, tentaient de trouver bonnes terres et vie meilleure. Ils découvrirent leur paradis, mais n'eurent pas droit au miracle de ce désert. Le ciel de feu ne déborda pas en ces pluies diluviennes qui, lorsqu'elles surviennent, étendent en quelques heures sur le sol aride un manteau enchanté de fleurs éblouissantes au nectar sucré dont viennent se gorger des nuées de papillons et d'oiseaux-mouches aux couleurs précieuses.

Caractéristique du désert Mojave, l'étrange silhouette de l'arbre de Josué, *Yucca brevifolia,* se dresse de loin en loin dans les plaines.

Thomas Coulter

Découvreur de cactées

Dès l'enfance, Thomas Coulter collecte mousses et insectes, y compris au Jardin des Plantes de Paris où il séjourne parfois, l'été. Cet Irlandais né en 1793 près de Dunadalk, dans une île où il n'y a pas le moindre reptile, se passionne pour serpents et lézards, qu'il transporte volontiers dans ses poches. À vingt-sept ans, diplômé de botanique et d'entomologie de l'université de Dublin, il va étudier à Genève auprès du prestigieux botaniste Augustin Pyrame de Candolle, qu'il impressionne par son savoir et sa capacité de travail. Après trois années passées au Mexique comme médecin d'une compagnie minière, Coulter s'installe aux États-Unis, où il explore méthodiquement le désert de Sonora et le désert Mojave. Sur les cinquante-sept espèces de cactées qu'il envoie en Suisse à son maître, quarante-sept s'avèrent alors inconnues. En trois ans de séjour dans ces zones arides, il prélève des échantillons de plantes dont il étudie en détail les cycles végétatifs, et rentre en Europe en 1834 avec cinquante mille spécimens, dont deux mille espèces nouvelles pour la science... Malheureusement, sa malle de notes et de manuscrits se perd dans un naufrage entre Londres et Dublin. Très affecté, le botaniste, devenu conservateur au Trinity College, consacrera le reste de sa vie à reconstituer de mémoire ses travaux disparus. Il meurt en 1843 à l'âge de cinquante ans, après avoir répertorié et décrit cent cinquante mille plantes, dont une bonne part récoltées par ses soins.

Roger Cans

Parmi la dizaine de serpents à sonnette qui habitent le désert Mojave, l'espèce baptisée de son nom est reconnaissable aux bandes noires et blanches qui ornent sa peau. Aussi craintif que ses congénères, il agite frénétiquement ses anneaux pour avertir l'intrus, et éviter ainsi une rencontre inopportune.

Désert Mojave

par Bernard Martoia

Derrière la grande barrière de dunes d'Algodones (« les Cotons »), qui se dresse sur la rive droite du Colorado, commence le désert Mojave. Immense cuvette aride de près de 200 000 kilomètres carrés, il s'étire en arc de cercle dans le Sud californien, depuis la *sierra* de San Bernardino, au sud-est, à la *sierra* Nevada, au nord-ouest. La légendaire Route 66 le traverse de part en part. Route inhumaine au bord de laquelle John Steinbeck, dans son roman *les Raisins de la colère*, avait situé la mort du patriarche Joad, victime du déracinement et de la canicule, et enterré à la va-vite par les siens. La scène se passe en 1938, époque à laquelle on attendait la nuit pour se risquer au bord de cette fournaise. Aujourd'hui, les marcheurs fous de déserts la traversent en diagonale sur le Pacific Crest Trail, piste qui relie le Mexique au Canada et qui traverse le Mojave sur 1 200 kilomètres. Toujours redouté, ce tronçon du parcours surnommé « la Forge » est constamment balayé par des vents violents car la différence de températures et de pressions entre sa touffeur sèche et l'air humide et frais du Pacifique fait de leur rencontre, dans l'étroit goulet des monts Tahachapi, au sud, une sorte de tempête permanente. Sur les pentes, visibles de très loin, des milliers d'éoliennes géantes ont été installées pour l'exploiter. Spectacle hallucinant que cette armée de robots qui gesticulent dans la clameur des pales aux marges de l'enfer !

UN TUEUR VÉGÉTAL DE 11 000 ANS

Cet enfer ressemble à une infinie plantation d'arbustes régulièrement espacés, dont des millions de jardiniers invisibles désherberaient sans cesse les allées rectilignes qui se croisent à perte de vue sur le moutonnement gris-blanc de collines caillouteuses aux contours tremblotants dans l'aveuglante luminosité de l'atmosphère incendiée. L'extrême monotonie qui se dégage du paysage est imputable au relief, certes, mais elle l'est surtout aux arbustes, dont il n'y a qu'une seule espèce : le créosote. Cette plante — *Larrea tridentata* de son nom scientifique — s'assure, partout où elle s'est implantée, le monopole du territoire en secrétant un poison violent qu'elle distille largement autour d'elle, éliminant systématiquement toute autre espèce. Elle se réserve ainsi les plus petites traces d'humidité d'un sol cuit et recuit. Si l'absence d'eau se prolonge, tous les végétaux meurent ou deviennent dormants alors que le créosote, lui, continue de produire les sucres indispensables à sa croissance. Et si la sécheresse perdure au-delà d'un certain seuil, il sacrifie simplement ses feuilles résineuses, sans pour autant rendre l'âme. De monotone, l'aspect du désert devient alors désespéré. Plus que résistant, ce monstre végétal serait-il éternel ? Les botanistes évaluent à 11 000 ans l'âge du plus vieux spécimen connu. Ce coriace individu doit sa reproduction à une modeste abeille, qui se nourrit exclusivement du pollen et du nectar de ses fleurs. Pour survivre à la chaleur, cette « associée » enterre son nid juste aux pieds des buissons. Quand une floraison s'achève, elle y pond ses œufs et meurt. Ses larves attendront pour se développer l'arrivée des pluies suivantes. Imprévisibles, ces dernières mettent parfois des années à survenir, comme à la fin du XXe siècle, où il n'est pas tombé une seule goutte d'eau de 1987 à 1994. Sept ans d'une sécheresse absolue ! Et pourtant, les créosotes et leurs abeilles sont toujours là.

LES YUCCAS DE LA TERRE PROMISE

À l'écart, dans certaines portions du désert Mojave, se dressent de loin en loin les silhouettes solitaires des arbres de Josué. *Yucca brevifolia* hérita de ce surnom biblique au XIXe siècle, lorsque les pionniers mormons cherchaient « leur terre promise ». Ils la trouvèrent en suivant l'orientation générale des tiges tourmentées de ce végétal, dont ils eurent l'impression qu'elles leur montraient providentiellement le chemin comme Josué l'avait fait pour les Hébreux en 1200 avant notre ère. C'est un papillon qui assure la reproduction de ces végétaux aux poses dramatiques, trop éloignés les uns des autres pour espérer une pollinisation directe. Les grappes de fruits jaunes et pelucheux qui en résultent renferment des graines dont se régale — échange de bons services — la chenille du papillon transporteur. Dans les régions les plus venteuses de ce désert balayé de courants d'air poussent aussi les curieux *tumbleweeds,* dont le nom pourrait se traduire par « racines culbutées ». Qui n'a, enfoui dans sa mémoire, l'image de ces légères touffes rondes et sèches tourbillonnant avec la poussière des pistes de l'Ouest dans le tumultueux sillage des diligences de western ? Eh bien, ce sont ces plantes-là, *Corispermum hyssopifolium.* Desséchées par la « forge » estivale, leurs tiges à l'automne cassent net au ras du sol, où restent les racines. Et leurs sphères de brindilles et de graines sèches filent au gré des vents, qui les essaiment à travers l'immensité où elles trouvent, au petit bonheur, un coin pour germer.

Éboulis de rocs et arbres de Josué, aux fruits jaunes pelucheux situés à l'extrémité des branches, font partie de presque tous les paysages du désert Mojave. Une foule de reptiles, dont de nombreux lézards et iguanes, habitent ces régions inhospitalières, où ils trouvent les insectes et autres proies qui constituent leurs festins.

L'EMPIRE DES SERPENTS À SONNETTE

Dans la pierraille surchauffée et les buissons secs prolifèrent de nombreux reptiles, dont une bonne dizaine d'espèces de serpents à sonnette. Pour éloigner les importuns, ces serpents craintifs agitent frénétiquement leur queue, couverte de gros anneaux jaunes dont le frottement émet un bruit de crécelle qui se confond avec le crissement des cigales pour le non-initié. Très vite, ce dernier aura compris et fera un détour à la moindre alerte. Non que les morsures de *rattlesnake* — appellation locale — soient fréquentes, mais elles sont, à des degrés divers, toujours empoisonnées. Ce reptile n'est pas agressif, mais il est irritable, surtout à sa sortie d'hibernation, lorsqu'il a le ventre creux. S'il peut s'esquiver, il s'éloignera en glissant « en crabe », allure qui lui ménage deux directions de repli. Mais s'il se sent acculé, il s'enroulera en spirale serrée et, se détendant comme un ressort, fulgurant, il mordra. S'il s'agit d'un *Mojave rattlesnake,* à bandes noires et blanches, l'issue est fatale. Son venin détruit le système nerveux de la victime qui, après six heures sans aucun symptôme, sombre dans un coma létal.

LES PRINTEMPS MAGIQUES DU DÉSERT VIVANT

Si peu hospitalier soit-il, ce désert est très habité grâce à sa végétation. Dans le passé, les Indiens paiutes en ont habité les marges, ainsi sans doute que les Mojave — à qui la région doit son nom —, mais aujourd'hui il est exclusivement peuplé de nombreux animaux, tels le *jackrabbit,* lapin à grandes oreilles, le puma ou le coyote, dont l'aboiement étrange se transmet de loin en loin lors des nuits de pleine lune. Et quand, les années fastes, les pluies de printemps bénissent les buissons grillés et rabougris, une éblouissante floraison couvre comme par magie l'immensité d'une symphonie de couleurs, de papillons et d'oiseaux. Parmi ces derniers, le *hummingbird,* véritable bijou, parcourt plus de 800 kilomètres depuis le golfe du Mexique pour séjourner dans le désert Mojave. Cet oiseau-mouche, véritable spécialiste du vol stationnaire grâce à l'extraordinaire fréquence de ses battements d'aile, prélève de la pointe de son bec, aussi fin qu'une aiguille, le nectar des fleurs blanches du *Coulter hibiscus,* arbuste baptisé ainsi en l'honneur de Thomas Coulter, un célèbre botaniste irlandais qui consacra sa vie à la flore exceptionnelle de ce désert, dont il répertoria cinquante mille espèces. Pour dresser ses listes exhaustives, il passa au peigne fin tous les recoins de ces paysages arides jusqu'aux premiers contreforts de la *sierra* Nevada, dont les sommets, toujours enneigés, constituent l'une des plus grandioses toiles de fond de cette fournaise californienne. ■

Steppes du désert de Gobi

Un infini moutonnement de collines vert cru, tapissées d'herbe rase, rêche, où le soleil, à coups de projecteur, pose des flaques jaunes immédiatement gommées par l'ombre échevelée des nuages balayés par les vents. À perte de vue, des plaines presque chauves où de minuscules touffes hérissées d'épines ne cachent pas la caillasse du sol... qui vole en éclats sous le galop effréné de petits chevaux noirs, hirsutes et trapus, montés par des cavaliers intrépides. Immobiles sur leur selle de bois aux cabochons d'argent, ils portent en eux la fierté des peuples nomades qui, dans des temps reculés, s'étaient fédérés sous la bannière d'un certain Temüdjin qui devint Gengis Khan. Le vertige horizontal des steppes de Mongolie qui étaient son empire a gardé, dans l'imaginaire, sa charge de légendes. Son aura de rêve. La réalité est aux limites de l'inhumain. Avec des étés torrides, des hivers de glace et des vents fous. À leur démesure s'affronte le courage des Mongols dont la vie quotidienne est un défi aux dieux, qu'ils savent se concilier par de petites offrandes et des politesses aux codes mystérieux.

Verdoyant paysage de la steppe mongole au printemps. Près des yourtes, installées dans la plaine, s'alignent les chariots de transport des nomades.

Un seul cavalier suffit à garder le troupeau de moutons, animaux classés comme « museaux chauds » et « pattes courtes » par les éleveurs mongols. La maigre herbe rase de cette steppe, peu éloignée du campement, leur convient en général ; mais, lorsqu'elle devient ainsi clairsemée, pour ne pas la fragiliser davantage, les nomades, bons gestionnaires de leurs prairies, ne tardent pas à lever le camp avec yourtes et bagages pour aller s'installer à des kilomètres de là, sur des aires non encore pâturées.

Pages suivantes : campement de nomades mongols dans la steppe.

Steppes du désert de Gobi

Les concours de tir à l'arc, sport traditionnel, font partie de toutes les fêtes mongoles. Les participants arborent toujours leurs costumes ancestraux.

Le désert de Gobi s'étend sur près du tiers de la Mongolie et déborde largement en Chine. Dans cette bande de territoires arides qui s'étire des monts Altaï au Grand Khingan chinois, la steppe se taille la part du lion. Loin d'être uniformes, ces immenses déserts herbeux forment un tapis discontinu coupé d'étendues de caillasse où rien ne pousse et de massifs de dunes géantes et meubles, tout aussi stériles. Les herbes qui parviennent à coloniser une région sont plus ou moins grasses ou maigres selon le sol, l'orientation, l'eau et le climat. Particulièrement pauvre dans le sud du désert de Gobi, la steppe peut revêtir, au nord, l'aspect d'un verdoyant tapis d'herbes hautes, de collines qui ondulent à l'infini sous le vent et où parfois même, les années où l'eau ne manque pas, la tache plus sombre de quelques buissons nains attire le regard. Mais c'est autour des montagnes du centre du pays, où coulent quelques rivières saisonnières, que la steppe est le plus belle. Quelques mois par an, seulement… En Mongolie, en effet, les hivers de six mois sont marqués par la neige et par des températures proches de – 40 °C qui cuisent tout végétal, les printemps par des vents d'une folle violence qui empêchent l'herbe de pousser drue, et les étés par des chaleurs de 40 °C qui la grillent.

CES MONGOLS QUI SAVENT GÉRER LA STEPPE

Des gens, pourtant, tirent parti de ces terres ingrates aux conditions terribles : les nomades mongols, descendants des légendaires hordes de Gengis Khan. Et la Mongolie est restée l'un des rares pays où le nomadisme est toujours pratiqué à grande échelle puisqu'il représente la façon de vivre de plus de la moitié de la population. Avec une science atavique, de la steppe et de ses herbes comestibles, les Mongols programment des pâturages. Les éleveurs utilisent et préservent ces herbages, qui constituent la survie de tous. Ils composent leurs troupeaux en réglant précisément le nombre de têtes selon les exigences propres à chaque espèce animale et les pâtures dont ils pourront disposer dans l'année, variables selon l'intensité des rigueurs climatiques. Chèvres et moutons, nettement moins exigeants que vaches, yaks et chevaux, sont en grand nombre dans les troupeaux des zones à herbe clairsemée. Il n'y aura de chevaux, petits et infatigables, que le nombre indispensable aux cavaliers pour garder les bêtes. Indispensable aussi, le chameau de Bactriane procure le lait, la viande, les bouses sèches, combustibles, qui alimentent le foyer, le cuir ainsi que la laine, car il a de longs poils. Bête de somme en plus, supportant des charges de 200 kilos, il peut jeûner quinze jours durant pourvu qu'il ait englouti avant des kilos de fourrage. Il résiste aux portions congrues d'hivernages très durs qui déciment les troupeaux, dont il sort les bosses pendantes et flasques, mais bien vivant encore. Les nomades classent leurs bêtes, de façon curieuse, en « museaux froids » (chèvres, bœufs, yaks et chameaux) et en « museaux chauds » (moutons et chevaux), mais aussi, très logiquement, en « pattes longues » (chevaux et chameaux) et en « pattes courtes » (moutons, chèvres et bovins). Les premiers sont mis à pâturer plus loin du campement que les seconds puisque leurs pas, plus longs, exigent davantage d'espace. Pour offrir à leur troupeau la meilleure nourriture, les éleveurs doivent changer souvent de région, bravant intempéries hivernales, débâcles et tempêtes printanières, ainsi que canicules estivales. Ils se déplacent une dizaine de fois par an sur des distances allant jusqu'à 50 kilomètres, emportant avec eux la totalité de leur maison, la yourte.

LA YOURTE, MAISON DE LAINE BLANCHE

Les nomades mongols n'ont pas d'autres habitations que ces grosses tentes circulaires, les yourtes, baptisées *ger,* qu'ils montent et démontent en deux à trois heures et qu'ils transportent à dos de chameau ou sur des chariots que tirent les yaks. Que le sol soit enneigé ou gelé, la yourte peut être installée car elle n'est que posée. D'un diamètre de 7 à 8 mètres en moyenne, elle est constituée d'une armature d'osier recouverte de bandes de feutre blanc-gris fabriqué avec la laine du troupeau, bouillie puis foulée au pied sur le sol, où elle finit par sécher. Recouvrant le tout, une bâche en toile maintenue à l'aide de cordes de poils de chameau ou de yak complète l'imperméabilité de la yourte. Cette dernière n'a qu'une porte, et fort basse. Elle est dépourvue de

par Étienne Dehau

Paroi de feutre montée sur une armature de bois, la yourte est vite dressée autour des meubles déjà disposés sur les tapis, selon une disposition symbolique immuable régie par un code chamanique.

fenêtres, la luminosité, la circulation de l'air et l'évacuation des fumées du foyer étant assurées par une ouverture circulaire ménagée au sommet du dôme. Si l'aération est insuffisante, lors des fortes chaleurs, le bas de la tente est retroussé. Avec un sens pratique très développé, les Mongols commencent par disposer le mobilier sur le sol avant de monter autour la structure de treillis et de tendre sur celle-ci les épaisseurs de feutre, plus ou moins nombreuses selon la température de la saison. Ainsi ont procédé Bator et les siens, là où ils viennent de s'installer, peu avant notre arrivée.

PARTAGER LE THÉ ET LES HERBES À PRISER

Ayant laissé la garde du troupeau aux autres cavaliers, que l'on voit galoper au loin dans l'immensité couleur vert pomme, l'homme a dessellé son cheval, puis rangé soigneusement la selle de bois décorée de cabochons d'argent. Tchemek, son épouse, guette notre arrivée sur le pas de sa yourte, dont la porte est relevée. Tout près, plusieurs juments sont à la longe, elle-même fixée à une corde tendue sur le sol entre deux piquets. Après lui avoir amené un poulain pour amorcer la venue du lait par quelques tétées, une femme s'accroupit sous l'une des bêtes pour la traite.

Tout commence par un thé, chez ces gens à l'hospitalité légendaire. On le sirote dans la demeure, où il faut entrer sans heurter le seuil, siège des esprits protecteurs de la famille, à ne pas déranger sous peine de porter malheur. Pour accéder aux tabourets traditionnellement assignés aux visiteurs, au nord-ouest de la yourte, il faut contourner le foyer, centre symbolique, dans le sens des aiguilles d'une montre. Les autres personnes gagnent aussi leurs aires, femmes à l'est, hommes à l'ouest. Car tout est symbole, dans une yourte ! Et tout est ritualisé. Au nord, sur un petit autel, lieu sacré qu'illuminent les flammèches jaunes des lampes à beurre, sont disposées quelques statuettes colorées et des photos du dalaï-lama. Les nomades mongols sont bouddhistes. Un bouddhisme imprégné d'animisme et, bien entendu, de chamanisme.

Chacun de nous tient maintenant le bol de thé au lait salé qui lui a été remis par Tchemek de la main droite, bras tendu et soutenu, de la main gauche, à la hauteur du coude. Mais avant de boire, la bienséance exige que l'on s'enquière des nouvelles les uns des autres et que l'on fasse circuler les tabatières pour échanger l'herbe à priser. Après quoi, d'une pichenette de l'index sur le liquide fumant, on envoie trois gouttes symboliques vers le ciel et les quatre points cardinaux. Au sud pour honorer le feu, à l'est pour l'air, à l'ouest pour l'eau, et au nord pour les ancêtres. Alors seulement, on absorbe à petites gorgées le breuvage aigrelet. À chaque thé se répètent les mêmes gestes. Plus tard, on boit l'*aïrak,* lait de jument fermenté, toujours servi aux invités d'abord, puis aux personnes plus âgées, et toujours resservi dès qu'un bol est vide. Et le repas s'enchaîne, sans que l'assistance ait bougé de place, avec morceaux de mouton bouilli et bien gras, et beignets fourrés à la viande.

UN DÉSERT D'HERBE RASE OÙ FOISONNENT LES SYMBOLES

Qu'ils soient en selle, galopant à bride abattue à travers l'espace immense, ou sous leurs dômes de feutre en train de boire le thé brûlant, les nomades mongols sont impressionnants de dignité, de calme, de savoir-vivre. Ce dernier inclus une gestuelle raffinée, aussi éloquente qu'une langue parlée. Attention, respect, bonnes intentions et gratitude ne s'expriment pas, ici, par des mots, mais par des gestes codifiés, plus précis que la parole. Ils sont en accord avec cet univers peuplé d'esprits, de symboles et d'énergies étranges issus d'une longue tradition chamaniste, toujours intensément vivante. En témoignent, par exemple, les *obo,* ces petits monticules de pierres plates, empilées près des sommets des montagnes et au passage des cols. Tout voyageur doit y apporter sa pierre, après en avoir fait trois fois le tour, pour honorer l'esprit du lieu. Il y accrochera peut-être aussi un *khadag,* longue écharpe de soie, des cadeaux rituels ou bien quelque drapeau de prière, voire un écheveau de poils de chameau qui s'effilochera dans le vent. Fixées par les lamas à certaines dates du calendrier lunaire, des cérémonies rituelles avec force aspersions d'alcool ou d'*aïrak* et offrandes de nourriture et d'argent se déroulent près de ces frustres autels, parfois couronnés d'un bucrane de cheval ou de chèvre. S'il est des rites à perpétrer en ces lieux, il est aussi des attitudes à proscrire, telle celle qui consisterait à poursuivre son chemin avec indifférence. Les éventuelles personnes présentes en seraient offensées. Mais, et c'est beaucoup plus grave, les esprits aussi, également redoutables, qu'ils soient bons ou mauvais. Cela ferait des vagues dans l'harmonie du cosmos. Drame réel pour ces gens qui, dans le vertige horizontal de leurs steppes infinies où traînent des ciels immenses, ont une conscience aiguë de dimensions mystérieuses. ■

Déserts de glace

Banquise arctique

Hérissée de mille sculptures de glace, la banquise arctique, irréelle, féerique, s'étend à l'infini. Dans les fantasmagoriques lumières de l'aurore crépusculaire se détachent la pureté des formes et les extraordinaires nuances des couleurs : du marine au pastel, du pervenche au turquoise, ce désert blanc est une symphonie de bleus dans laquelle exulte l'imaginaire. Château fort de 5 mètres de haut, dolmen, cathédrale cristalline ou sculpture d'avant-garde, entassements anarchiques peuplés de monstres en ronde-bosse et d'éphémères cariatides, compagnes d'errance, spectres statuaires. Il n'y a pas deux blocs identiques dans la plastique polaire dégrossie au bulldozer de la dérive, ciselé au burin des tempêtes, polie au mitraillage du blizzard. Il n'y a même plus 10 mètres de plat pour le bivouac, dans cet immense chantier où la glace, brisée, concassée, broyée, déchiquetée, s'empile à l'horizon toujours plus loin, de ce bouleversement titanesque à géométrie variable... Au bruit du vent s'ajoute celui de la glace qui craque, frotte et se broie. Mélange de hurlements de loup, de grincements d'engrenages mal huilés, de grondements de train entrant en gare ou de crissements de gigantesques cordages frottant un quai... Nous ne sommes plus que des microbes aveugles pris dans une lutte de géants.

À la débâcle, la banquise se disloque. Ici, le chenal qui vient de s'ouvrir s'écarte à une vitesse folle sur l'eau noire de l'océan Arctique, séparant les membres de l'expédition polaire.

Fin avril, à l'approche de la débâcle, le puzzle de glaces, de plus en plus lâche, ouvre des chenaux d'eau libre qui regèlent plus ou moins vite. Pour passer, une seule solution : attendre que la glace ait repris sur une épaisseur convenable en défiant plus ou moins les lois de la pesanteur, ou tenter un détour en passant ailleurs (ci-dessus). En avril, au cœur du pack polaire, les blocs de glace sont chahutés comme des fétus de paille (ci-contre).

Fridtjof Nansen

Conquérant de l'Arctique

En 1883 s'échouaient sur la côte sud-ouest du Groenland les débris de l'épave de *La Jeannette,* un navire américain qui, trois ans plus tôt, avait fait naufrage au large de la Nouvelle-Sibérie. De ce drame et de ses suites inattendues, qui prouvaient la dérive des glaces polaires, Fridtjof Nansen, explorateur audacieux, tire une idée de génie. Il conçoit un navire assez résistant pour supporter la pression des glaces, le *Fram,* qu'il laisse emprisonner en 1893 dans le pack polaire au large de la Sibérie. Porté par la dérive de la banquise, il traverse ainsi l'océan Arctique jusqu'au Groenland, qu'il atteint trois ans plus tard. Ce parcours confirme le trajet de l'épave de *La Jeannette,* mais ne permet pas à Nansen de toucher le pôle, qu'il manque de peu. Intrépide, il ne se tient pas pour vaincu. Avec Hjalmar Johansen, son lieutenant, il quitte le bateau, et c'est à pied qu'il tente de rallier l'axe planétaire. Une folle expédition, sans contact avec le reste du monde et sans repli possible vers le navire qui, solitaire, poursuit sa dérive. « L'un des exploits les plus extraordinaires dont l'homme puisse se glorifier... Aventure légendaire imaginée par un Jules Verne et accomplie par un Lohengrin », commentera Charles Rabot, traducteur de l'incroyable récit de l'explorateur. Il n'atteindra pas le pôle convoité, mais, pendant plus de neuf mois, arpentera avec son compagnon la banquise et ses terres limitrophes. Une exploration dont les observations scientifiques, consignées dans une dizaine de volumes, permit une réelle avancée dans la connaissance de l'Arctique et des courants qui entraînent les glaces polaires. Quant au *Fram,* il aura dérivé pendant trois ans dans l'Arctique avant d'être mis au chaud et au sec au musée d'Oslo, où il se trouve aujourd'hui.

Madeleine Griselin

En avril, tandis que la glace se disloque, la vapeur qui se dégage d'un chenal ouvert fait ce qu'on appelle un « ciel d'eau ».

Banquise arctique

par Madeleine Griselin

Anniversaire sur la banquise. Gâteau gonflable et, luxe inouï, un feu de bois dont le fagot a été apporté la veille par l'avion de ravitaillement (ci-dessus). Éviter de penser que, sous la mince pellicule de glace, gît 5 000 mètres de profondeur d'eau noire (ci-contre).

« **C**'est plus désert que le désert ! » s'accordaient à dire trois des quatre femmes marchant vers le pôle Nord en 1986 lors de la première expédition polaire féminine. Ces trois-là savaient de quoi elles parlaient, puisque, avant d'affronter à pied les solitudes glacées qui s'étalent entre le Spitzberg et le pôle Nord, elles avaient traversé le Sahara.

La banquise arctique est le désert absolu. Aride ? Elle frôle le record du monde avec 200 millimètres de précipitations annuelles. Dépeuplée ? Cette mince pellicule de 4 mètres de glace de mer, le « pack polaire », couvrant un océan de 5 000 mètres de profondeur est par définition inhabitée, sauf par quelques nomades des temps modernes, tentant de survivre, par amour de la science, dans ce milieu inhumain que les populations des marges, les Inuit, ont toujours fui. À l'exception donc de quelques égarés temporaires, toute vie est ici exclue. Aucun organisme, en effet, ne peut y subsister naturellement car la glace fait écran à la lumière, source de la vie marine microscopique, et la quasi-absence de plancton sous la glace empêche toute amorce de chaîne alimentaire. Aucun animal, poisson, oiseau ou mammifère ne peut vivre au cœur de la banquise. Ni dessus, ni dedans, ni dessous.

Enfin, si dans l'imagerie courante le désert est réduit au minéral, la situation sur la banquise est bien pire, car même cela, elle ne l'a pas. Minéralité… zéro ! Ni roche ni sable, pas le moindre caillou pour nous raccrocher à la planète Terre. Mais en revanche un monde d'eau sous toutes ses formes. Eau solidifiée des glaces qui forment le « sol », eau liquide de l'océan sur laquelle il flotte, eau gazéifiée, enfin, des brouillards — appelés *white out,* « temps blanc » — qui le baignent souvent. On est ici en haute mer… entre 0 et 1 mètre d'altitude. Et, paradoxe, pour y survivre, il faut utiliser des techniques propres à la haute montagne alpine ou himalayenne ! La terre ferme du voyageur polaire est ce morceau de glace un peu plus épais que les autres, qui apparaît, dès lors, comme un havre de sécurité.

UN MILIEU D'EAU OÙ L'EAU MANQUE

Dans cet univers exclusivement constitué d'eau, l'un des plus grands dangers que rencontre tout humain qui s'y aventure est de manquer d'eau, justement. Reste vivant sur la banquise celui dont le réchaud s'allume et lui permet de faire fondre assez de neige pour assurer l'indispensable ravitaillement quotidien en liquide. En deçà de la quantité minimale à absorber pour garder le sang assez fluide et résister aux engelures, le nomade polaire s'expose à la mort. C'est le carburant, ces 300 grammes d'essence minérale destinée au réchaud, qui, avec le kilo de nourriture par personne et par jour, vous garde en vie. Car il est inimaginable de sucer la neige dans cet univers aux températures extrêmes. Certes, le thermomètre ne descend pas à – 90 °C comme dans l'Antarctique, mais il demeure aux environs de – 50 °C l'hiver, pour remonter vers 0 °C, dans le meilleur cas, en été. Les six mois de nuit suivis des six mois de jour gomment les variations journalières des autres régions du monde, où la température s'élève nettement le jour. De plus, le caractère océanique du pack confère à son climat, déjà extrême, une instabilité exemplaire, avec des variations brutales de température de l'ordre de 30 °C en quelques heures. Impossible de compter sur quoi que ce soit.

L'ENFER DE LA CONDENSATION

Sur la banquise, rien n'arrête les vents. On y subit des tempêtes violentes, des blizzards qui soulèvent la neige, avec des pointes dépassant les 200 kilomètres à l'heure… Ailleurs, sous d'autres latitudes, on les appellerait « cyclones ». Ils bombardent le paysage comme une mitraille de sable, ils sculptent les glaces tout comme, dans les déserts chauds, les vents façonnent la roche. Grain à grain, cristal après cristal, le vent construit, déplace, détruit les congères de neige, véritables dunes des pôles. Le vent est, ici, l'ennemi de tout être vivant, qu'il soit homme ou animal, car il accentue la sensation de froid. La souffrance, en effet, est supérieure par – 30 °C avec vent que par – 50 °C sans vent, bien qu'à ces températures si basses respirer donne l'impression de fumer un gros cigare ! Mais c'est de l'humidité que pâtit le plus celui qui affronte les glaces… bien que l'hygrométrie soit proche de zéro. La misère de l'homme qui (sur)vit ici découle de l'incontournable loi physique voulant que l'air chaud contienne plus d'humidité que l'air froid. Dès lors, dans un environnement à – 30 °C, le corps humain, à + 37 °C, accumule autour de lui une condensation qui imprègne très vite les vêtements. Ce terrible phénomène, et lui seul, détermine les deux types de survie dans le désert polaire : avec ou sans chauffage. Chauffer permet de sécher ses vêtements, même si cela prend beaucoup de temps. C'est possible dans une station d'études temporaire fixe. Sans chauffage, comme c'est le cas pendant une expédition itinérante légère, il est impossible de se défaire de cette condensation qui, dès le troisième jour de marche, devient un enfer ainsi que le décrit l'auteur de l'ouvrage *Huit Femmes pour un pôle.* Il y relate cette expédition de

cinquante-deux jours à pied du Spitzberg au pôle Nord — itinéraire jamais emprunté — afin d'étudier le courant qui entraîne les glaces de Sibérie au Groenland : « Nos moufles et dérivés sont des gangues de glace qui, même retirées, gardent la forme de la main serrant le bâton de ski. Une misère insoluble : l'idéal serait d'avoir des gants "à jeter" toutes les deux heures. »

UN TITANESQUE PUZZLE EN MOUVEMENT

Le pack polaire est comme un immense puzzle de champs de glace, appelés « floes », qui sont entraînés dans un mouvement giratoire dû à la rotation de la Terre et aux courants marins. À ce schéma général de déplacement se superposent, de manière anarchique et imprévisible, les mouvements locaux variés provoqués par les vents. Les floes, dont les dimensions varient de quelques mètres carrés à plusieurs kilomètres carrés, sont autant de blocs qui, tels des béliers, s'écartent, se resserrent, se disloquent, se broient au gré de leurs déplacements. Lorsqu'ils s'écartent, apparaît l'eau noire de l'océan qui, selon la température, gèle plus ou moins vite, reconstituant en quelques heures à – 50 °C, par exemple, une pellicule assez solide pour supporter le poids d'un marcheur et de son équipement. Mais, l'écartement se poursuivant, la glace nouvellement formée casse à son tour. L'eau noire apparaît de nouveau, et, de nouveau, gèle. Ainsi se constituent des zones d'emboîtement de jeunes glaces. Fragiles, elles se dressent en crêtes de un à plusieurs mètres de haut lorsque le mouvement s'inverse et resserre les blocs au lieu de les écarter. Dans les chaos titanesques qui en résultent, progresser à ski est impossible, et marcher relève de l'exploit. Pour avancer de 500 mètres, il faut parfois une journée entière d'efforts surhumains, ainsi décrits sur le vif dans le carnet de voyage de l'expédition féminine : « Forçant bloc à bloc, sous une nouvelle poussée venue du nord, la machine infernale se remet en route, nous entraînant plus que jamais dans l'irréel… par – 28 °C, une ambiance d'éruption volcanique doublée d'un tremblement de terre : une extraordinaire leçon de tectonique des plaques, brillante démonstration — s'il en fallait encore — que nous sommes moins que rien dans cet infini glacé. Combien de fois, petits points rouges dans l'infini des glaces, « ni hommes ni femmes, juste une meurtrissure glacée de muscles et d'os empaquetée dans de la plume gelée », avons-nous évoqué le proverbe inuit : « Le temps et les glaces sont maîtres » ? ■

Progression de bloc en bloc avec le matériel dans la banquise côtière comprimée contre les terres du Spitzberg (ci-dessus). Protéger les réchauds, source de vie (ci-contre).

Arctique inuit

Dehors, le ciel s'est embrasé
Le mercure est tombé à moins dix
Le vent du Nord fait des histoires
Il vous contrarie et vous force à marcher courbé

Le paysage est hivernal, blanc
Avec de la neige soufflée, aveuglante
Par-delà la tempête réside la beauté
Au milieu du froid et des ciels arctiques
Tout voir est un réel plaisir

Je le connais bien mon trésor de glace
Pour moi ce pays vaut de l'or
Les autres n'y voient pourtant que le froid
Nous avons une raison de le conserver gelé.

June Degnan, poète alaskienne
(extrait de Rêver du Norton Sound*)*

Des chaînes de hautes montagnes, d'impressionnants glaciers, des plaines, marécageuses au dégel, des milliers de détroits, de fleuves, de baies, de fjords, de lacs et d'îles. Et puis la toundra, cette vaste zone dépourvue de forêts que couvre, à peine, les neiges fondues, une végétation rase, qui doit éclore, s'épanouir et fructifier en quelques semaines d'été avant de disparaître à nouveau, sous les premiers frimas. Ainsi va la vie en Arctique, au-delà de 66° 33' de latitude nord, sur le territoire inuit, nimbé des voiles diaprés de ses aurores boréales. Un univers blanc. Immense. Vide. Vide ? Là où les Occidentaux ne perçoivent que neige, glaces et terres désertiques inhospitalières, les Inuit, eux, voient des paysages familiers d'une infinie variété, saturés de présences. Et qu'ils chérissent.

Des bras de mer gelée unissent en un même désert blanc eaux, plaines et montagnes. Au dégel, hommes et animaux les traversent, à leurs risques et périls !

Page suivante : des montagnes enneigées dominent la banquise saisonnière, dont une partie est déjà fondue. Des canoës remplacent alors les *skidoos*.

Les Inuit ne se considèrent pas comme propriétaires exclusifs de leurs territoires, mais accordent autant de droits aux animaux qui y vivent qu'ils s'en concèdent à eux-mêmes. À ce loup, par exemple, qui guette sans doute de loin les restes de quelque festin. Comme l'ours et le renard de ces régions polaires, le loup arbore une fourrure claire (ci-contre). Le *skidoo,* scooter des neiges, est devenu l'un des véhicules les plus courants dans la société inuit moderne (ci-dessous).

La surface du pays inuit, qui compte 15 000 kilomètres de côtes, s'accroît de millions de kilomètres carrés en hiver lorsque s'installe la banquise saisonnière qui permet de traverser la mer à pied sec d'un rivage à l'autre. Cette étendue de glace marine constitue un très riche territoire de chasse aux phoques et de pêche. Il suffit de faire un trou dans la glace et d'attendre avec patience que le phoque y vienne pointer le bout de son nez pour respirer, ou bien que le poisson… passe. Pour savoir si l'endroit est poissonneux, rien de tel que d'aller y voir soi-même !

Arctique inuit

par Michèle Therrien

Au-delà de la limite des forêts du grand Nord, où les sous-sols ne dégèlent jamais et où le long hiver tisse ses aurores boréales, s'étend l'immensité des territoires inuit. Des monts, des plaines, des fjords, des lacs. Plus de 15 000 kilomètres de côtes, réparties entre la Sibérie extrême-orientale, le nord de l'Alaska, les terres nord-ouest du Québec arctique, Nunavik et Nunavut, et le Groenland. Des territoires arctiques qui dépendant de quatre États : la Russie, les États-Unis, le Canada et le Danemark pour le Groenland qui, depuis 1979, jouit cependant d'un *Home Rule,* statut d'autonomie interne. Il profite aux populations kalaallit de la côte ouest et tunumiit de la côte est, le centre de l'île gigantesque et couverte de glaciers étant inhabité. Les Inuit du Nunavut ont leur propre gouvernement depuis 1999, après accord signé avec le gouvernement canadien, ce que ceux du Nunavik sont en voie d'obtenir, les premiers à signer un traité territorial ayant été les Inupiat et les Yupiit d'Alaska. Les Inuit sont donc devenus, à leur demande, « propriétaires » de certaines portions de leurs territoires ancestraux. Juridiquement, s'entend, face aux États avec lesquels ils ont signé des accords. Car, selon leur propre culture, ils ne peuvent avoir le monopole de cette terre, *nuna,* qui depuis l'origine du monde appartient tant aux animaux qu'à eux-mêmes, les « très humains », sens du mot *Inuit* — le singulier *Inuk* désignant « un très humain », une personne.

Par une température de – 40 °C, il faut être bien couvert pour attendre, caché au fond d'une barque, que le gibier se montre. Affût traditionnel, mais fusil à lunette ultramoderne. La société inuit vit entre informatique et coutumes ancestrales.

UN DÉSERT SURPEUPLÉ

De ces immenses territoires, constitués de terres fermes dégelant l'été, en surface seulement, lorsque les glaces de leur banquise côtière se liquéfient en bras de mer, certains explorateurs des siècles passés ont donné des descriptions d'immensité et de vide, imprimant dans la conscience des Occidentaux des images d'infinis déserts blancs. Pour les Inuit, descendants des petits groupes venus du nord-est asiatique voici huit mille ans pour s'installer à l'extrême nord du continent américain avant d'essaimer jusqu'au Groenland, ces terres réputées inhospitalières et librement choisies sont surpeuplées de symboles. Loin d'être des déserts sans vie, ce sont des régions saturées de présences. Tout Inuk dit faire partie d'un large réseau de relations qui le situe face aux vivants, aux défunts, aux êtres invisibles, aux éléments du paysage et à l'ensemble de l'univers. Selon la tradition orale, l'homme occupe tout le cosmos, le soleil et la lune n'étant que d'anciens « très humains ». Les aurores boréales, ces fluorescences spectaculaires qui animent les nuits célestes de ces latitudes, représentent les défunts qui jouent à la balle avec des têtes de morse. Et l'on dit que, tout comme les humains, ces voiles de lumières diaprées émettent des bruits et des odeurs.

PAYSAGES, CORPS HUMAINS : MÊMES SYMBOLES

Aussi immenses que soient leurs territoires, les Inuit en connaissent le plus petit relief, la moindre configuration, inventoriés, nommés par des générations avant eux et qu'il suffit d'évoquer pour s'en rappeler l'histoire. Ainsi, Panngiqtuuq est « L'endroit fréquenté par un grand nombre de caribous », Aujuittuq « Le glacier qui ne se désenglace jamais », Nittalavik « Le lac qui permet de s'approvisionner en eau pure », ou encore Inaluat paangat « L'embouchure étroite, pas plus grosse qu'un orifice d'intestin ». Ce dernier nom de lieu, très évocateur, met l'accent sur le rapprochement que font les Inuit entre leur environnement et le corps humain. Entre l'espace le plus vaste, l'univers, et le plus petit, le corps humain, existe, dans la culture de ce peuple, une zone intermédiaire formée par les éléments du paysage, aussi voit-il dans ces derniers des rappels de parties anatomiques suggérées par des similitudes de forme ou d'apparence. Les noms de lieux en témoignent, qui incluent cous et colons (lieux où prolifèrent certaines algues allongées, par exemple), têtes (pour désigner des collines arrondies), colonnes vertébrales (noms de crêtes de montagnes, de tiges de plantes), langues (rappelant la forme des petites feuilles de saules nains poussant à tel endroit), index (pour les pointes de terre) ou flancs (pour des bords de lacs). Dans ces correspondances, les liquides corporels ont leur place. Ainsi, le bord de la banquise et le bord externe des paupières portent le même nom, *sinaa,* tous deux représentant la surface sèche : la glace et la peau. L'œil, en revanche, surface humide, est assimilé à l'eau libre. Les menstruations rappellent la fonte des glaces, le sang menstruel s'opposant au fœtus comme l'eau à la glace solide. Ce parallèle entre environnement et corps humain inclut les violences que l'un et l'autre subissent. Les mots sont identiques pour dire les souffrances des gens et de la nature, soumis aux mêmes phénomènes de démesure. Le blizzard soudain est comme la maladie qui s'abat, le vent qui forcit est comparable à l'aggravation d'une maladie, et les vagues qui se brisent avec fracas contre les rochers au malade qui gémit de douleur.

Une barque à fond plat tirée sur la glace vaut n'importe quel traîneau pour transporter le lourd matériel de chasse, de pêche, et pour ramener les prises, souvent volumineuses.

CHASSEURS DE PHOQUES ET VIE MODERNE

Dans cet univers immaculé et surpeuplé de symboles, comment vivent-ils, aujourd'hui, ces Inuit si imprégnés de leurs traditions ? Ils sont tous sédentaires. Les derniers à vivre de manière permanente dans un igloo l'hiver et sous la tente l'été ont gagné les petites agglomérations en 1960. À cette époque, dans l'Arctique canadien, ils étaient tous encore chasseurs, pêcheurs, cueilleurs. Actuellement, les familles comptent le plus souvent un chasseur à plein temps ou à mi-temps, un ou plusieurs salariés, pourvoyeurs de l'argent frais indispensable à la vie moderne, et plusieurs « sans-emploi », le plus souvent des jeunes de moins de vingt-cinq ans. Ils représentent la moitié de la population. La vie, dans les communautés, est à la fois fort semblable et fort différente de celle des villes du reste du monde. Semblable dans ses aspects extérieurs : vêtements, maisons en dur, écoles, dispensaires, hôpitaux et haute technologie, allant de la motoneige à la télévision et à l'ordinateur. Très différente par la présence de la langue et de la culture inuit, qui régissent tous les actes de la vie et les attitudes face à cette dernière.

« Nos ancêtres, disent les Inuit, depuis des milliers d'années se sont appuyés sur les ressources marines pour assurer leurs besoins. Et encore aujourd'hui, malgré la présence de technologies modernes et de l'accès aux biens importés, nous continuons à penser que le phoque est une partie intégrante de notre culture, mais aussi de notre économie. Les médias se sont intéressés ces dernières années à notre mode de vie, et notamment à la chasse au phoque. Certains ont déclaré que, parce que nous ne dépendons plus uniquement du phoque pour survivre, nous ne sommes plus de vrais Inuit. Il est vrai que nous pouvons nous approvisionner au magasin, mais encore faut-il trouver les moyens financiers pour le faire. Et le magasin ne vend ni phoque ni caribou. Le phoque représente autre chose qu'une ressource alimentaire. Il fonde notre identité. C'est en partageant sa viande, et en nous rassemblant autour de lui, que nous retrouvons nos forces physiques et psychiques. »

L'IRRÉPRESSIBLE JOIE DE SURVIVRE

Les récits de chasse, les connaissances sur le monde animal, les souvenirs d'enfance, les contes se partagent au moment où, assis à même le sol, chacun fait circuler la viande, les plus âgés veillant à ce qu'elle fasse le tour dans le sens de la trajectoire du soleil. C'est lors de ces repas pris en commun que les aînés transmettent aux plus jeunes les valeurs de cette culture, la leur, qui privilégie l'écoute et condamne les questions inopportunes. L'aisance avec laquelle certains anciens témoignent du passé lointain repose, selon eux, sur le cadre de vie dont ils ont bénéficié dans leur jeunesse. Vivant dans des campements relativement éloignés les uns des autres, ils menaient une existence calme. Atmosphère favorable à la capacité d'écoute, à l'éveil de la conscience, à l'observation, à la mémorisation de ce qui avait été vu et entendu. À la connaissance par exemple des végétaux, qui occupaient, contrairement à ce que l'on imagine, une place importante dans l'alimentation. En effet, en dépit des basses températures, des vents forts et de la brièveté de la saison estivale, plus de deux cents espèces parsèment la toundra de l'Arctique canadien : lichens, mousses, herbes à longues tiges poussant près de l'eau, saules nains, plantes à petits fruits, algues et plantes à fleurs comestibles faisaient l'objet de récoltes, destinées à la table mais aussi à la pharmacie familiale. Richesses inestimables pour vivre à ces latitudes ! Latitudes dont il n'est pas de bon ton, chez les Inuit, de se plaindre. Le froid y est ce qu'il est. Si l'alimentation et les vêtements sont adéquats, ce n'est pas un danger. On n'en parle pas. Du temps non plus. Qu'il vente sans discontinuer ou qu'il y ait du blizzard, peu importe. Jamais on ne doit s'en dire ennuyé ou fatigué. Le seul fait d'être vivant interdit tout sentiment de lassitude. Ce qui n'empêche pas de célébrer la fin de l'hiver ! Ainsi, il n'y a pas si longtemps encore, en Terre de Bafin dans le Nunavut actuel, une effervescence irrépressible s'emparait de tous dès que la lumière du jour soulignait pour la première fois d'un mince trait l'horizon infini. Les femmes éteignaient alors les lampes à huile en prenant soin de maintenir une faible lueur, geste rituel qui rendait hommage au retour du soleil. Un très beau chant ancien, toujours chanté aujourd'hui, exprime la joie d'avoir survécu à l'hiver difficile.

Alianaittuqqqpuq
Inuunialirama
iajaajaaja

Akuttujuuk angutivuuk
Ulluq sili tauva
Ijajaajaaja

Quviasuliqpunga
Inuunialirama
Ulluq suli tauva
Ijajaajaaja

(Il y a de quoi être heureux
Je vais continuer à vivre
iajaajaaja

Les deux Étoiles sont hautes
Et il fait encore jour
Ijajaajaaja

Je suis heureux
Je vais continuer à vivre
Et il fait jour
Ijajaajaaja) ■

Dans le phoque, dépecé dès sa mise à mort, tout est bon : peau, viande, huile, crins, etc.

Antarctique

« **A**u large, un iceberg ceinturé de glace n'est pas une colline. Ses proportions au-dessous de la surface, dans la mer, sont bien plus considérables que celles qui se dressent dans l'air. Et lorsque l'eau a usé suffisamment ses parties immergées… eh bien, il se passe ce que nous avons vu une fois, heureusement de loin. La jolie montagne brillante qui se dressait à notre gauche a tout à coup semblé changer de forme. Ce n'était pas une hallucination dans ce paysage bleu et blanc. Un craquement, puis un autre, et, lentement, un pan sorti du sol pendant que l'autre s'enfonçait. Une, deux, dix fissures zébrèrent brusquement la surface. Avant de retrouver son nouvel équilibre, l'iceberg, en se mouvant ainsi, déclencha une sorte de séisme : éboulis à sa surface, blocs de glace de mer rompus et projetés dans les airs, éclatement d'énormes masses déséquilibrées, le tout avec un bruit d'éruption. Puis tout fut calme de nouveau, stable, immuable et anodin. » Scène de vie quotidienne en terre Adélie, calotte de glace de l'hémisphère Sud grande comme l'Europe et les États-Unis ensemble.

Extrait de l'ouvrage de Jean Rivolier
Des manchots et des hommes, *éditions Arthaud, 1964.*

En terre Adélie, les premières missions Paul-Émile Victor utilisèrent des chiens de traîneau, seuls mammifères terrestres, avec les hommes, à fouler le sol antarctique.

À l'issue de l'interminable hiver austral, vers la fin du mois de décembre, les glaces fondent, la banquise se disloque et les icebergs, aux formes étranges, sont entraînés par les courants marins (ci-dessus). À cette époque, avant de quitter l'Antarctique pour une destination encore inconnue, les manchots empereurs adultes, la panse pleine de poisson, jouent avec les petits de l'année, déjà autonomes. Toujours en file indienne, ils plongent dans la mer et en rejaillissent comme des obus pour mieux replonger jusqu'à ce que le chef de file arrête les jeux (ci-contre).

Page suivante : telles de fantastiques cathédrales, les icebergs antarctiques dérivent sur l'océan.

La terre Adélie n'est qu'une très petite portion du continent antarctique, vaste comme l'Europe et les États-Unis réunis. Isolée du reste du monde par une mer gelée pendant près de onze mois chaque année, cette calotte glaciaire de 5 000 kilomètres de diamètre environ possède des reliefs rocheux, avec une altitude moyenne de 2 000 mètres et des sommets culminant autour de 4 000 mètres. Sur ce continent aux conditions extrêmes, aucun mammifère terrestre n'a trouvé naturellement asile. L'homme n'y vit qu'en milieu artificiel. Les oiseaux, en revanche, tels pétrels des neiges, pétrels de Wilson, pétrels géants et damiers du Cap, y estivent en nombre. De rares éléphants de mer s'y aventurent parfois.

Antarctique

par Jean Rivolier

« **H**ommes requis pour un voyage périlleux. Bas salaires, froid intense, longs mois de ténèbres. Danger constant. Retour douteux. Honneur et célébrité en cas de succès. » Par cette petite annonce, publiée dans un journal londonien au début du XXe siècle, l'explorateur anglais Ernest Shackleton avait recruté le personnel de son expédition en Antarctique. Beaucoup plus tard, Paul-Émile Victor, pour m'engager, s'était contenté de m'adresser le message suivant : « Êtes-vous intéressé par poste médecin hivernage terre Adélie ? Réponse urgente. » Il avait ajouté ensuite, lors de notre rencontre : « Vous savez, docteur, vous aurez à faire quelques menus travaux qui ne sont pas exactement du ressort de votre profession. » L'époque avait changé, les moyens aussi. Les chances de retour étaient supérieures à celles des expéditions Shackleton. L'aventure était au rendez-vous. Honneur et célébrité ne faisaient pas partie de mes centres d'intérêt. Quant au salaire, pas plus que pour les expéditions en Himalaya, il n'y en avait de prévu pour les membres des missions polaires françaises. C'est ainsi que je me retrouvai quelques semaines plus tard avec deux coéquipiers à Pointe-Géologie, au milieu des glaces, en train de construire des baraques en planches pour nous abriter, de tenter de noter des relevés météo, les doigts gelés, en plein blizzard, et d'observer les mœurs des manchots empereurs, dont les ornithologues ne savaient encore rien. C'était mon premier hivernage en terre Adélie. Il dura un an et fut suivi de beaucoup d'autres dans ce désert glacé, terrible et instable, où seule la recherche scientifique justifie la présence de l'homme.

UN PLATEAU DE GLACE D'OÙ SE DÉTACHENT DES ICEBERGS GÉANTS

Plus de 16 millions de kilomètres carrés. Un diamètre moyen de 4 500 kilomètres, le tout recouvert d'une couche de glace qui atteint jusqu'à… 4,5 kilomètres d'épaisseur. Voilà le continent antarctique. Ce désert, le plus grand du monde, représente 90 pour cent de la masse de glace non salée de la Terre. Il se présente comme un immense plateau de glace d'une altitude moyenne de 2 400 mètres, s'élevant assez rapidement pour atteindre 2 835 mètres au pôle Sud, dont le sommet le plus élevé, le mont Vinson, culmine à 4 897 mètres. Il possède en outre un volcan, le mont Erebus, toujours en activité. De son rebord de falaises de glace qui glissent dans la mer sous leur propre poids naissent d'énormes icebergs au sommet aplati. Ils mesurent 80 kilomètres, 100 kilomètres, voire 160 kilomètres de long sur 40 kilomètres de large, comme l'un de ceux vus en 1987, par exemple. Un autre, plus monstrueux encore, inquiéta l'opinion internationale en 2002. Sur les côtes pointe un peu de terre ferme sous forme d'affleurements rocheux, dits « nunataks » et qui représentent… 1 pour cent seulement du territoire ! Quant à l'océan Antarctique, formé du sud des océans Pacifique, Atlantique et Indien, il est gelé onze mois par an sur une frange qui s'étend à près de 200 kilomètres des côtes, ce qui représente un champ de glaces de 19 millions de kilomètres carrés sur 2 mètres d'épaisseur environ.

L'HOMME NE PEUT Y SUBSISTER

L'Antarctique est la zone la plus froide, la plus venteuse et la plus sèche du globe. Au pôle Sud, la température moyenne annuelle est de – 50 °C, avec des minima à – 70 °C en septembre à basse altitude, et jusqu'à – 89,6 °C à la station russe de Vostok, située en montagne. Le volume des pluies, sous forme de neige, est comparable à celui du Sahara puisqu'il n'excède pas 30 millimètres par an. Le vent, un blizzard souvent chargé de cristaux de glace qui rendent nulle toute visibilité, est presque constant à la bordure du continent. D'une violence inouïe, il atteint couramment 200 kilomètres à l'heure avec des pointes beaucoup plus importantes, tel le record de 327 kilomètres à l'heure relevé en terre Adélie.

Ainsi baptisée en l'honneur de son épouse, Adèle, par Jules Sébastien César Dumont d'Urville en 1840, la terre Adélie est ce triangle de terre, découpé comme une part de tarte parmi d'autres dans le continent antarctique et que

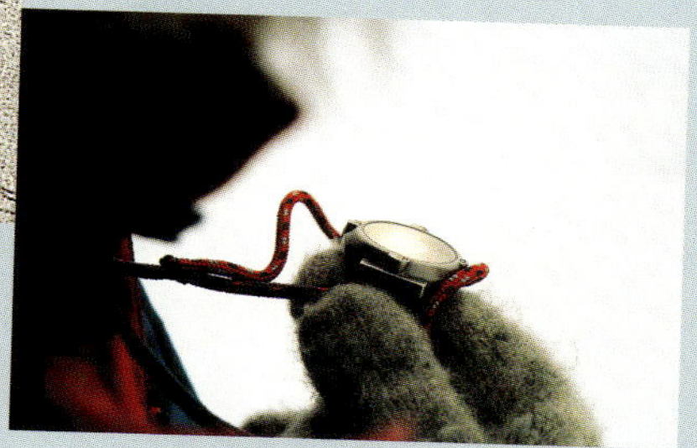

Un pâle soleil se mire dans la mer libérée des glaces côtières de ce continent antarctique dont le pôle magnétique affole les boussoles… seul moyen de s'orienter dans le blizzard. Ébats de manchots empereurs.

se partagent diverses nations à des fins de recherche. Sa géographie est éloquente : base Dumont-d'Urville, base Charcot, Pointe-Géologie, îles Cuvier, Lamarck ou Rostand, glacier Astrolabe… indiquent la vocation de ce territoire national extrême, auquel le grand « polaire » Paul-Émile Victor donna sa dimension scientifique internationale. Ce qui caractérise ce désert inhumain — au sens propre — est son absence de mammifères terrestres et de toute de vie humaine à l'exception du personnel des missions polaires, présent pour des séjours limités, et exclusivement dans des conditions artificielles. Pourtant, durant le bref été, côtes et océan grouillent de vie.

L'OCÉAN, SOURCE DE VIE

Dans la mer réside la base de la chaîne alimentaire : diatomées et algues microscopiques constituant le phytoplancton, nourriture des petits crustacés (copépodes, crevettes et euphausiacés), ou krill. Quelques oursins, des coraux, des étoiles de mer, des vers, des holothuries, des méduses, des calmars et des pieuvres habitent en bordure de littoral. Quant aux poissons, ils sont représentés par plusieurs espèces. Les plus nombreux, du type nototénidés, peuvent atteindre un poids de plusieurs dizaines de kilos. Les mammifères marins sont énormes, tels le phoque de Weddell qui, durant l'été, étale paresseusement ses 300 à 400 kilos sur la glace de mer, le crabier, plus petit cependant, ou le phoque de Ross, que l'on voit rarement. Tous trois sont pacifiques, contrairement au léopard de mer, nettement plus agile qu'eux sur la glace comme dans l'eau et redoutable prédateur de manchots, ou à l'orque, qui fait de ce grand phoque carnassier son ordinaire. Éléphants de mer et otaries ne se reposent au sol que dans la zone des îles subantarctiques.

ICI, TOUS LES OISEAUX NE VOLENT PAS

Seuls habitants, saisonniers, des glaces antarctiques : les oiseaux. Ils sont innombrables. Les uns volent, tels le skua, prédateur à l'œil acéré, le damier du Cap, le pétrel des neiges, le pétrel de Wilson et le pétrel géant, qui nidifient dans les rochers pendant le court été, pêchent leur pitance en mer et partent dès que l'hiver s'annonce. Les autres ne volent pas : ce sont les manchots, qui arrivent en Antarctique lorsque les autres oiseaux sont partis. Manchot papou et manchot à jugulaire, mais surtout manchot adélie et grand manchot empereur. Tous sont d'excellents plongeurs et nageurs, mais fort maladroits sur le sol. Chacun a ses habitudes. Ainsi le manchot adélie, qui arrive sur la côte à la mi-octobre, vit en peuplements de plusieurs centaines, voire de milliers, d'individus qui s'éparpillent dans les rochers et construisent des nids ronds à l'aide d'os et de petits cailloux. Les femelles y pondront deux œufs, et les poussins qui sortiront de ces derniers, au bout de trente-cinq jours, devront avoir remplacé leur duvet d'enfance par des plumes avant la dislocation des glaces, et être capables de se nourrir seuls et de fuir vers le large avant le début de l'hiver, au mois de mars.

L'EXTRAORDINAIRE MANCHOT EMPEREUR

Avec plus de 1 mètre de haut et de 30 à 40 kilos de poids, le manchot empereur est imposant. Son caractère et son mode de vie sont uniques au monde. Il ne s'installe pas dans les rochers, où il est maladroit, mais sur la glace de mer, ce qui lui impose une arrivée plus tardive que les autres manchots car il doit attendre qu'elle soit formée. En avril donc, les empereurs jaillissent de l'eau comme des obus et se reçoivent sur le ventre avant de se mettre debout, puis, bombant leur chemise blanche hors d'une jaquette ajustée, ils vont à pied jusqu'à la rookerie, cet endroit où, depuis des millénaires sans doute, ils reviennent hiverner. Leur ventre — de 5 à 6 kilos de bonne graisse — tombe au sol sur leurs pattes. Ils en auront besoin, car le jeûne sera long. Si, à l'inverse des autres oiseaux, ils hivernent en Antarctique, c'est que le temps d'incubation de leur œuf unique est d'environ soixante-trois jours. Ils sont de cinq mille à dix mille individus, regroupés en de rares colonies (des rookeries), unis pour résister au froid et aux tempêtes. Dans les cas extrêmes, ils se collent les uns aux autres en une masse unique, énorme, faisant la « tortue » ; les sujets extérieurs mourront sans doute de froid, pour protéger le reste du groupe.

DES PARENTS DÉLIRANTS DE JOIE

Lorsque le groupe semble au complet commencent les parades de séduction. Des couples se forment, qui donneront naissance chacun à un œuf unique. À peine pondu, cet œuf de 12 centimètres de haut et pesant 500 grammes fait le bonheur de ses parents, qui le contemplent à tour de rôle et ensemble, en chantant de joie ! Pendant quatre à six heures, l'œuf est logé sur les pieds de la femelle, dans la douce chaleur de sa poche ventrale, qu'elle soulève de temps à autre pour le faire admirer à l'heureux père… auquel elle le confie bientôt pour filer se gaver vers une zone d'eau libre et emplir son estomac de nourriture, qu'elle régurgitera pour nourrir son poussin deux mois plus tard. Aller-retour, son trajet fera quelque 400 kilomètres, aussi se dépêche-t-elle pour être rentrée dès l'éclosion, faute de quoi le poussin, affamé, mourrait. Lorsque, la panse pleine, elle revient, elle chante pour retrouver son mâle au milieu de milliers d'autres manchots, dont la plupart sont chargés d'un œuf ou d'un poussin. Et c'est au répons de son chant qu'elle reconnaît son élu. Ce dernier l'attendait avec impatience pour lui confier leur progéniture, et filer à son tour s'emplir la panse après plus de deux mois de jeûne intégral. Ils se relaieront ainsi tous deux pour maintenir en vie leur poussin et lui apporter de quoi se nourrir jusqu'à ce que, les glaces fondant, la mer libre soit suffisamment proche pour permettre des « sorties » alimentaires de courte durée. Les petits, boules de duvet gris perle aux yeux de hibou cernés de blanc, grandissent. La rookerie s'organise, et quelques adultes font office de gardien, veillant sur les poussins réunis en « garderies ». Enfin, la glace de mer se brise, ouvrant l'accès à l'eau libre. Les empereurs, jeunes et vieux, s'en vont alors vers le large, vers une destination inconnue. Dans trois mois, ils reviendront. Et à part, peut-être, quelques scientifiques hivernant avec eux, ils ne trouveront homme qui vive. Les riches touristes qui, désormais, posent un pied sur le continent antarctique en période estivale, sont repartis depuis longtemps. Tout comme les sportifs de haut niveau, dont les performances pourraient faire croire qu'ils ont vaincu ce désert de glace. Il n'en est rien. Dix mois de l'année, le continent blanc se referme sur les équipes en hivernage. Inaccessible au reste du monde. ■

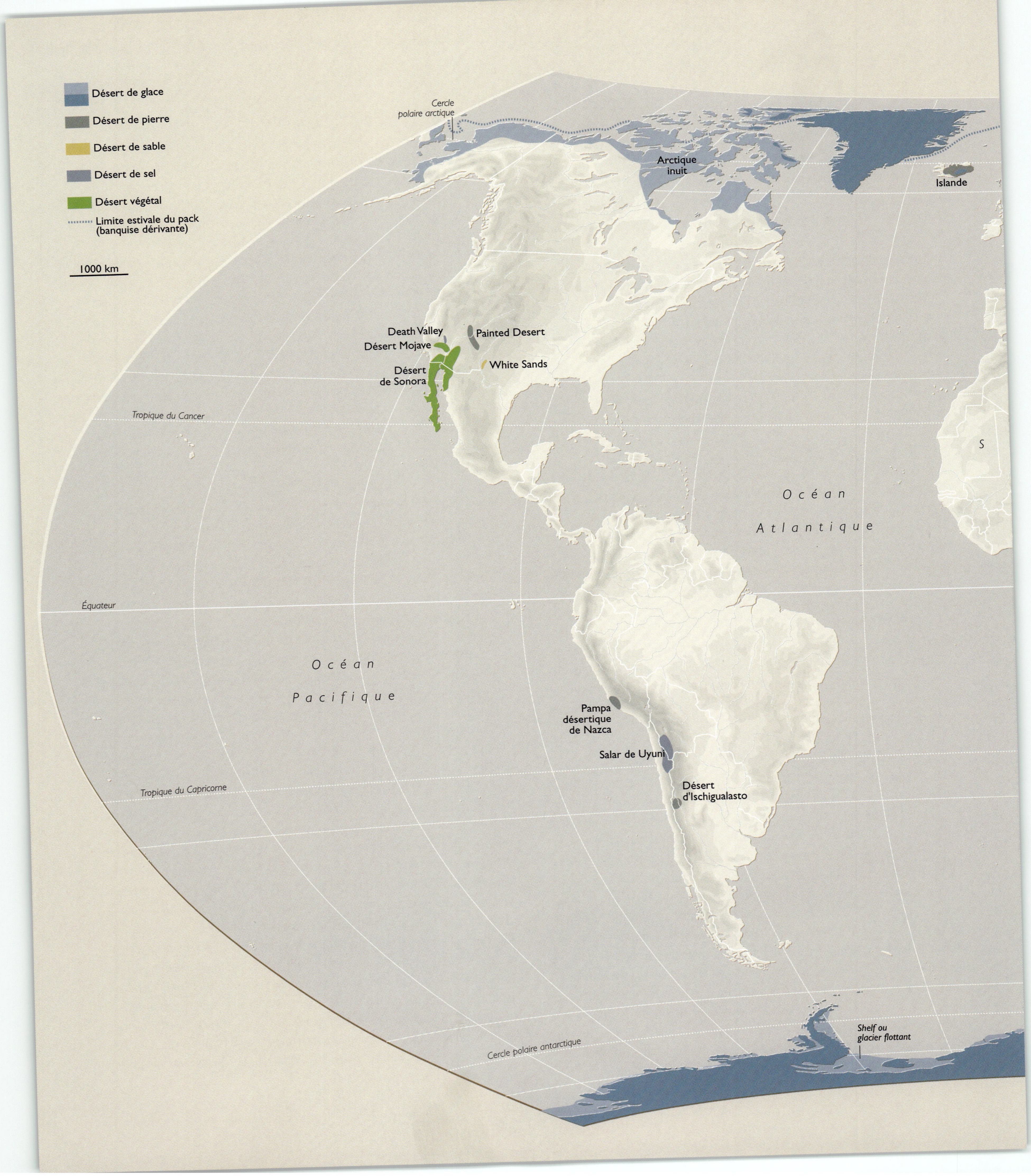
Désert de glace
Désert de pierre
Désert de sable
Désert de sel
Désert végétal
Limite estivale du pack (banquise dérivante)
1000 km
Cercle polaire arctique
Arctique inuit
Islande
Death Valley
Désert Mojave
Painted Desert
White Sands
Désert de Sonora
Tropique du Cancer
Océan Atlantique
Équateur
Océan Pacifique
Pampa désertique de Nazca
Salar de Uyuni
Désert d'Ischigualasto
Tropique du Capricorne
Cercle polaire antarctique
Shelf ou glacier flottant

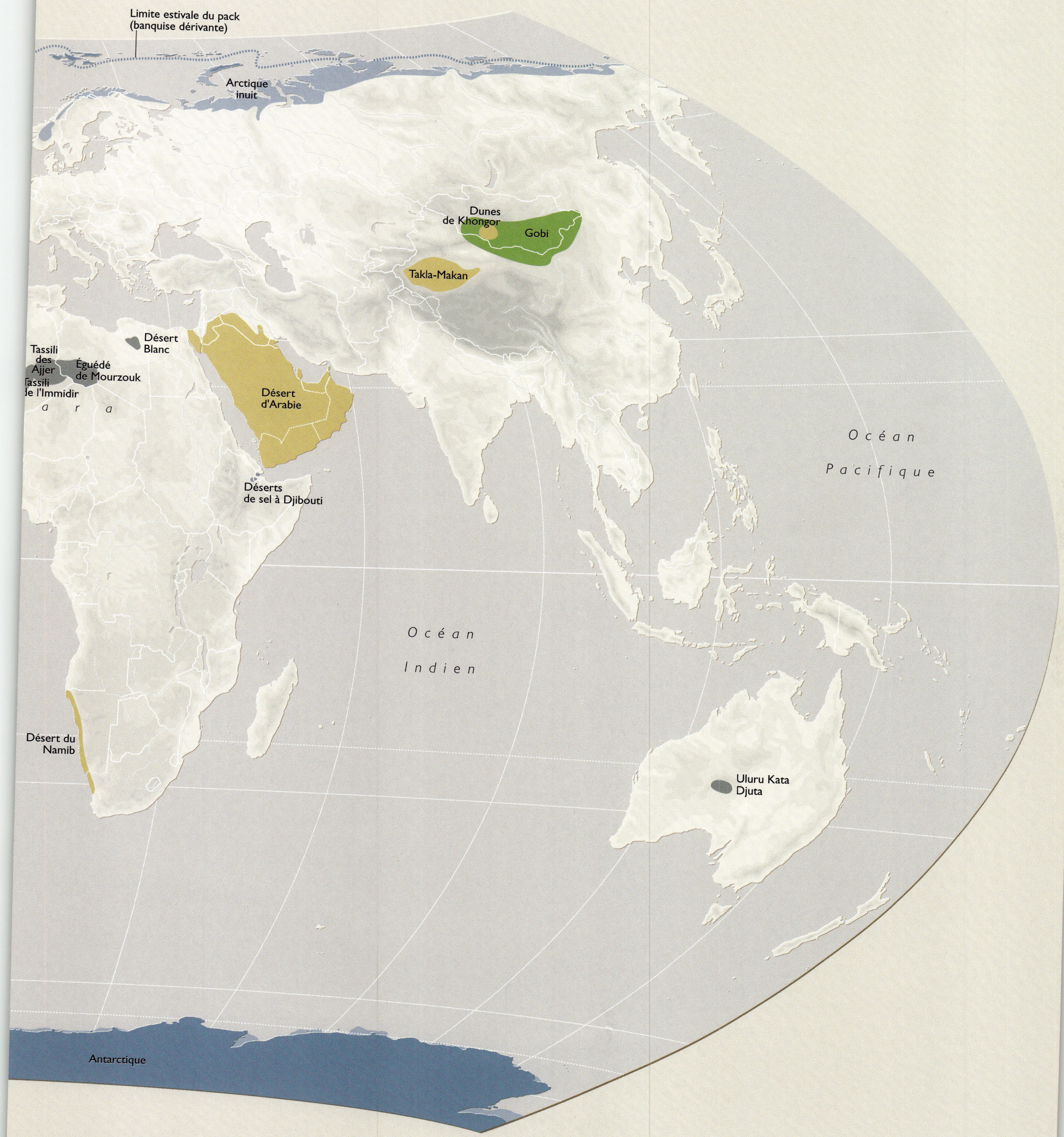

Limite estivale du pack
(banquise dérivante)
Arctique
inuit
Dunes
de Khongor
Gobi
Takla-Makan
Désert
Blanc
Tassili
des
Ajjer
Éguédé
de Mourzouk
Tassili
de l'Immidir
a r a
Désert
d'Arabie
Déserts
de sel à Djibouti
Océan
Pacifique
Océan
Indien
Désert du
Namib
Uluru Kata
Djuta
Antarctique

INDEX

BIBLIOGRAPHIE

Ouvrages généraux

Carnets de route d'un rat du désert, Charles Bene, éditions Fetzer SA, 88110 Raon-L'Étape, 1991
Biographie d'un désert, Pierre Rognon, L'Harmattan, Paris, 1994
Moissons du désert, Marceau Gast, Ibis-Press, Paris 2000
Le Sahara avant le désert, H.-J. Hugot, éditions des Hespérides, 1974
La Vie sauvage au Sahara, Alain Dragesco-Joffe, éditions Delachaux et Niestlé, Lausanne, 1993
Faune du Sahara, tomes 1 et 2, Michel Le Berre, éditions Chabaud Lechevalier, 1989 et 1991
Flore du Sahara, Paul Ozenda, éditions du CNRS, Paris, 1983
L'Art du Sahara, Yves et Christine Gautier, Alain Morel et Thierry Tillet, Le Seuil, Paris, 1996
Les Premiers Berbères, Malika Hachid, INA-YAS Alger et EDISUD, Aix-en-Provence, 2000
Bivouac africain, Michel Zalio, auteur éditeur, 2001
Méharées, Théodore Monod, Actes Sud, 1989
Art rupestre et préhistoire du Sahara, Jean-Loïc Le Quellec, éditions Payot et Rivages, Paris, 1998
L'Exploration du Sahara, Jean-Marc Durou, Actes Sud, 1993
Voyage dans l'Ouest américain, Alain Thomas, auteur éditeur, 1992
La Traversée de l'Australie en traction avant, Éric Massié du Biest, éditions ETAI, 2001
Déserts d'Asie, Étienne Dehau, Hermé, 2001
Syrie-Jordanie, Jean Mathé et Annie Crozat-Mathé, La Renaissance du Livre, 2001

Guides

Sahara, Guide Bleu Évasion Hachette, 2000
Australie, Guides Voir Hachette, 2002
Amérique du Sud, Cap Aventure Guides Gallimard, 2002

Déserts de sable

La Caravane, J.-L. et O. Bernezat, ouvrage collectif, Glénat, 1991
Le Désert de sable, Michel Roux, L'Harmattan, 1996
Le Désert des déserts, W. Thesiger, Pocket, 2001
L'Edeyen de Mourzouk, Robert Capot-Rey, Travaux de l'Institut de recherches sahariennes, tome 4, 1947
Robert Capot-Rey (1897-1977), Jean Bisson et Pierre Rognon, Annales de Géographie, volume 87, Librairie Armand Colin, 1978

Déserts de pierre

Le Tassili des Ajjer, Malika Hachid, EDIF 2000 et Paris-Méditerranée, Paris, 1998
Dans le Fezzan inconnu, Philippe Diole, éditions Albin Michel, Paris, 1956
Théodore Monod, savant tous terrains, Roger Cans, Sang de la Terre, 2001
La Montagne des hommes-chiens ; art rupestre du Messak libyen, Axel et Anne-Michelle Van Albada, éditions du Seuil, Paris, 2000
Hommes des montagnes du Hoggar, Odette Bernezat, éditions Glénat, 1991
Les Touaregs du Hoggar, Henri Lhote, Payot, Paris, 1955

Déserts de Sel

Du sel et des dattes, Edmond Bernus, Études Nigériennes, Byamey, 1972
Touaregs, Edmond Bernus, Robert Laffont, 1996
Djibouti au rythme du vivant, Alain et Danielle Laurent, édition Beira, 2000
Des lacs de sel aux chaos de sable, Le Pays du Nefzaoua, IBLA, n° 11, Tunis, 1947

Déserts végétaux

Voyage ethno-botanique avec les Touaregs du Tassili, collectif, préface de Théodore Monod, Ibiss Press, 1999
La Vie dans les déserts, D.N. Kachrarov et E.P. Korovine, édition française réalisée par Théodore Monod, Payot, 1942
Flore et végétation du Sahara, Paul Ozenda, éditions du CNRS, 1991
Voir aussi au paragraphe ouvrages généraux : *Déserts d'Asie* (Étienne Dehau) et *Voyage dans l'Ouest américain* (Alain Thomas)

Déserts de glace

Le Conquérant des glaces, Fridjof Nansen, éditions du Rocher, 1989
Des manchots et des hommes, Jean Rivolier, Arthaud, 1964
Huit Femmes pour un pôle, Madeleine Griselin, Albin Michel, 1988
Banquises, ouvrage collectif, éditions Autrement, 1999
Printemps inuit, naissance du Nunavut, Michèle Therrien, Indigènes Editions, 1999
Les Milieux polaires, ouvrage collectif, Armand Collin, 1999
Les Inuit, ce qu'ils savent du territoire, Béatrice Collignon, L'Harmattan 1996

CRÉDITS PHOTOGRAPHIQUES

Page 1, Art Wolf/JHEditorial ; 2-3, P. Bourseiller ; 4-5, J. W. Warden/Cosmos ; 6, É. Dehau ; 8-9, H. Gloaguen/Rapho ; 10, J.-L. Bernezat ; 11, P. Bourseiller ; 12-13, J.-L. Bernezat ; 14-15, P. Bourseiller ; 16, J.-L. Bernezat ; 17, P. Bourseiller ; 18-19, J.-L. Bernezat ; 20-21, O. Grunewald ; 22 gauche, S. Fautre/Ask Images ; 22-23, O. Grunewald ; 24-25, J. Brandenburg/JHEditorial ; 26 haut, P. Maître/Cosmos ; 26 bas, C. Vaisse/Hoa-Qui ; 27, A. Petit/Top ; 28, O. Grunewald ; 29, E. Ellis/JHEditorial ; 30, T. Pupkewitz/Rapho ; 30-31, P. de Wilde/Hoa-Qui ; 31 haut, P. Ezo/Hoa-Qui ; 31 bas et 32-33, O. Grunewald ; 34, T. Fitzharris/Minden Pictures/JHEditorial ; 35, Bernard Martoïa ; 36-37, Art Wolf/JHEditorial ; 38, O. Grunewald ; 39 haut, J. Brandenburg/Minden Pictures/JHEditorial ; 39 bas, A. Thomas/Explorer ; 40-41, Hoa-Qui ; 42-43 et 52-53, É. Dehau ; 54, Buri/Magnum ; 55, S. Franklin/Magnum ; 56, H. Gruyaert/Magnum ; 57-61, S. Franklin/Magnum ; 62 droite, H. Gruyaert/Magnum ; 62 gauche, Marc Riboud/Magnum ; 63, H. Gruyaert/Magnum ; 64-65, J.-L. Manaud/Rapho ; 66-67, K. Nomachi/Rapho ; 68-72, J.-M. Durou ; 72 haut, J.-L. Bernezat ; 72 bas, J. Guillard/Scope ; 74, J.-L. Bernezat ; 75, J.-M. Durou ; 76/77, J.-L. Bernezat ; 78, J.-L. Bernezat ; 79 haut gauche, M. Ascani/Hoa-Qui ; 79 haut centre, E. Valentin/Hoa-Qui ; 79 haut droite et bas, J.-L. Manaud/Hoa-Qui ; 80, E. Spiegelhalter/Cosmos ; 81, J. W. Warden/Cosmos ; 82-85, O. Grunewald ; 86, T. Perrin/Hoa-Qui ; 87-89, J. Polleross/Ask Images ; 90, K. Nomachi/Rapho ; 91 haut, Eve Sivadjian ; 91 bas, C. Sappa/Hoa-Qui ; 92, J. Miles/Cosmos ; 93, J. Ducange/Top ; 94-95, S. Fautre/Ask Images ; 96-97, O. Grunewald ; 98 haut, S. Fautre/Ask Images ; 98 bas, H. Harrang/Rapho ; 99, Art Wolf/JHEditorial ; 100-101, Sattlberger/Cosmos ; 101 haut, S. Scata/Ask Images ; 101 centre et bas, Sattlberger/Cosmos ; 102-105, É. Dehau ; 106, P. Escudero/Hoa-Qui ; 107 haut, É. Dehau ; 107 bas, C. Boisvieux/Hoa-Qui ; 108-112, S. Compoint ; 113 haut, A. Heitman/Rapho ; 113 bas, S. Compoint ; 114-119, P. Bourseiller ; 120-121, O. Grunewald ; 122-123 haut, P. Bourseiller ; 123 bas, O. Grunewald ; 124-125, R. de Seynes/Rapho ; 126, P. Bourseiller ; 127, Art Wolf/JHEditorial ; 128, P. Bourseiller ; 129, Art Wolf/JHEditorial ; 130, A. Keller/Cosmos ; 130-131, B. Mollaret/Ask Images ; 131, P. Bourseiller ; 132, S. Alden/Cosmos ; 133, J. W. Warden/Cosmos ; 134, Art Wolf/JHEditorial ; 135, S. Alden/Cosmos ; 136-137, T. Fitzharris/Minden Pictures/JHEditorial ; 138, K. Wothe/Minden Pictures/JHEditorial ; 139, S. Alden/Cosmos ; 140, J. Ducange/Top ; 141, P. Bourseiller ; 142, K. Nomachi/Top ; 143-145, P. Bourseiller ; 146, J. Ducange/Top ; 147, P. Bourseiller ; 148-149, O. Grunewald ; 150, J.B. Pinnéo/Cosmos ; 151, O. Martel/Hoa-Qui ; 152, O. Grunewald ; 153 haut, C. Clifton/Minden Pictures/JHEditorial ; 153 bas, O. Grunewald ; 154-155, C. Clifton/Minden Pictures/JHEditorial ; 156, O. Grunewald ; 157 gauche, O. Martel/Hoa-Qui ; 157 droite, J.-B. Pinnéo/Cosmos ; 158-162, O. Grunewald ; 163, C. Clifton/Minden Pictures/JHEditorial ; 164-171, É. Dehau ; 172-173, J.-M.Charles/Rapho ; 174-181, (c) Association Science en marche ; 182, B.C. Alexander/Cosmos ; 183-184, J. Brandenburg/Minden Pictures/JHEditorial ; 185, P. Mérat ; 186-187, F. Nicklin/Minden Pictures/JHEditorial ; 188-189, P. Mérat ; 190-191 gauche, B.C. Alexander/Cosmos ; 191 droite, P. Mérat ; 192-193, G. Gayrard/Explorer ; 194-195, T. de Roy/Minden Pictures/JHEditorial ; 196-197, P. de Wilde/Hoa-Qui ; 198 haut, X. Desmier/Rapho ; 198 bas, J.-M. Charles/Rapho ; 198-199, P. de Wilde/Hoa-Qui ; 200 gauche, Auscape-Explorer ; 200 droite, Blanchot/Explorer ; 201 gauche, B. Prud'homme/Explorer ; 201 droite, X. Desmier/Rapho ; 208, J. W. Warden/Cosmos.

Éditions SOLAR
Direction : Dominique Raynal
Responsable éditoriale : Suyapa Audigier
Conception graphique et réalisation : Michel Durand
avec Corinne Leveuf et Malika Rehailia
Iconographie : Michel Durand
Édition : Chloé Chauveau
Assistante d'édition : Séverine Courtaud
Gravure : Point 4
Fabrication : Isabelle Lerein
Cartographe : Léonie Schlosser

Éditions GEO
Conseil éditorial : Jean-Luc Marty
Direction : Dominique Fleurmont, Pierre-Olivier Bonfillon

ISBN : 2-263-03324-6
Code éditeur : S03324
1re édition

Dépôt légal : septembre 2002
Imprimé en France par Mame Imprimeurs à Tours (n° 02082118)